「デマ」の構造

三枝玄太郎

GENTARO SAIGUSA

かや書房

まえがき

「デマ」とは何か？　広辞苑をめくってみると、「事実に反する扇動的な宣伝」と書いてある。虚偽であることが所与の単語となっている。

ギリシャ史の第一人者である本村凌二・東京大学名誉教授によれば、「デマゴーゴス」（扇動政治家）は、本来は「デイモス（ギリシャ神話の神・恐れなどの化身）を説得する人」の意であり、アテネ全盛期を築いた将軍、ペリクレスも「デマゴーゴス」に当たる。もともとは「民衆指導者」の意味で使われていたギリシャ語らしい。

クレオンという、演説のうまい男がアテネにいた。彼は特権階級の出自ではなかったので、巧みな弁舌を武器にのし上がっていく。彼は自らの権力を維持するために民衆を扇動し、敗色の気配が濃厚なペロポネソス戦争を率い、緒戦は勝利を収めるが、自らの権力維持のために戦争を続け、最後は自らが敗死する。

注意すべきは、クレオンは小さな皮革業者の出身であり、富裕層が独占していた将軍職やアルコン（執政官）に就くには、民衆を扇動する演説力が必要だった、ということだ。つまりデマは、貴族政治に割って入るための、民主政治の産物であるということだ。

また現在の「デマ」の意のように、「虚偽」という意味は、当初はなかった。「民衆を導く者」という意味が、後世につれて変容し、虚偽の言辞を指すようになった。

クレオンの故事に則《のっと》れば、例えば国民民主党が所得税の基礎控除額を１０３万円から１７８万円に引き上げようと主張している、いわゆる「１０３万円の壁」の撤廃も、原始的な意味での「デマ」と言えるかもしれない。

とはいえ、民衆を導く「デマ」、また民衆を扇動する「デマ」あたりまでは許容範囲と言えるかもしれないが、現代の「デマ」の意は、「虚偽」を含んでいる。しかも、マスメディアが人々の意思決定に重要な役割を果たす20世紀以降の社会では、「デマ」

の発信源がテレビや新聞といったマスメディアであることが往々にしてある。したがって、その影響がクレオンの比ではないということが問題なのだ。

新聞、テレビだけではなく、今度はSNSと既存メディアが並立ないし対立するようになった。SNSが虚偽を拡散させている場合もある。だが、インターネット上のフェイク情報を「ファクトチェックしよう」と言っている『朝日新聞』をはじめとする既存メディアが「デマ」を拡散させてきた、という複雑怪奇な歴史がある。

古くは「北朝鮮は、この世の楽園」というのも、これ以上ない罪深い「デマ」と言えるだろう。映画「キューポラのある街」を見て、「北朝鮮へ無事船出」と書かれた帰還船の新潟港からの出港を伝える『朝日新聞』の報道を見て、どれほどの無辜《むこ》の人々が平壌を目指したことか。

問題は、「船出」をした事実は嘘でも何でもないことだ。この事実は「真実」だ。問題は、その先にある「北朝鮮は船出をするに値する楽園なのか」ということが、検証されずに記事にされていることだ。

先の衆院選でも、例えば新潟3区では「裏金議員」とレッテルを貼られた高鳥修一氏が、事実上、立憲民主党の梅谷守氏と接戦を演じて敗北した。高鳥氏は比例重複が認められていなかったので、そのまま落選した。有権者としては、1人の「裏金議員」を表舞台から葬《ほうむ》ったのだから、溜飲を下げた人もいただろう。だが一方で、梅谷守氏は、自ら日本酒の一升瓶を配って歩いた公職選挙法違反（買収）の容疑で刑事告発されている。

高鳥氏の場合は、544万円の還流を受けていた。が、これは訴追されていない。一方の梅谷氏の場合、他の例と照らし合わせても、立件され、公民権停止となる恐れは十分にある。だが、専ら新聞やテレビは、高鳥氏の訴追されていない、しかも党内での処分を終えた「裏金」の件をクローズアップして報じた。これも「虚偽」ではない。だが、マスメディアの「自民党を下野させたい」という意図が裏にあるのであれば、これも広義の「デマ」と言えないだろうか。

国民民主党の公約だった「所得税の基礎控除額の引き上げ」を、玉木雄一郎代表が野田佳彦・立憲民主党代表を首班指名することに与《くみ》しないと分かった途端に、掌《てのひら》を返して社説で攻撃した『朝日新聞』の報道姿勢も、広義の「デマ」と言えまいか。「虚偽」とは言えずとも、報道姿勢に過度な「恣意《しい》」が入っているという点が、いかにも現代的なのだが。

広辞苑も、「過度に恣意的な報道姿勢」という一項を「デマ」の語意に加えてはいかがだろうか。

三枝玄太郎

令和6年11月吉日

「デマ」の構造　目次

編集●白石泰稔
装丁●柿木貴光
著者撮影●岩本幸太

第1章
「亡国の再エネ政策」の深い闇

小泉進次郎元環境相の常軌を逸した発言

2021（令和3）年4月23日、TBSで放送された「NEWS23」のインタビューに出演した小泉進次郎環境相は2030年度に温室効果ガスを2013年度比で46％減らすという目標について、46％とした根拠を訊《き》かれ、

「くっきりとした姿が見えているわけではないけど、おぼろげながら浮かんできたんです。46という数字が」

と言い放った。

この日本を騒がせた衝撃のインタビューに先立つ2021（令和3）年4月22日、菅義偉首相は気候変動に関する首脳会議（サミット）にオンラインで出席し、「日本は2013年度比で46％減」と表明していた。その根拠が、小泉環境相の「おぼろげに浮かんだ46という数字」だったわけである。

だが、ちょっと待ってほしい。根拠が「おぼろげに浮かんだ数字」なのであれば、それはエビデンスがないということであり、もはや「デマ」に等しい。

菅内閣は「２０５０年にカーボンニュートラル（温室効果ガスの排出量を全体としてゼロにすること）」を表明している（注１）。経済産業省も、この菅─小泉コンビの無茶苦茶な試算に平仄《ひょうそく》を合わせるのにかなり苦労したのだと思う。経済産業省も「様々な課題を野心的に克服できると考えた、すなわちかなり楽観的な想定であり、『計画ではない』」と付言している（注２）。

日本の再生可能エネルギー発電促進賦課金（再エネ賦課金）は、制度導入から10年後の２０２２年度の買い取り総額は約４・２兆円、国民が負担する賦課金総額は約２・７兆円だ。これは消費税を１％以上上げたのと同じ効果であり、日本の消費者は消費税を11～12％負担しているのと同じことになり、その一部は外国系資本や一部の悪徳業者にわたっている。

再エネ賦課金は２０３０年までは増加の一途と見られ、政府の見通しでは２０３０

年の再エネ買い取り総額は3・6兆円から4兆円。だが、電力中央研究所によると、より太陽光や洋上風力発電の導入が進んだ場合、5・1兆円まで膨らむ可能性がある、という試算を示している。経産省が言う「野心的な」目標を掲げ、できもしない約束のために、消費税の2%分にも及ぼうかという再エネ賦課金を国民に負担させ、それを再エネ業者に流れ込ませ、政治家と山分けしているのが実態なのだ。

小泉氏は、2020（令和2）年10月28日にも看過できない発言をしている。『日本経済新聞』のインタビューに答え、「国立公園内で再生可能エネルギーの発電所の設置を促す規制緩和をする」と表明したのだ。環境相が、である。

阿蘇山南部に位置する熊本県山都町では、約119ヘクタールもの大規模太陽光発電所（メガソーラー）が阿蘇の外輪山南側に広がっている。

2022（令和4）年9月から稼働を始めた「JRE山都高森太陽光発電所」だ。敷き詰められた太陽光パネルは約20万枚にも及ぶ。事業主体はエネオスリニューアブル・エナジー（東京都港区）が、社名がジャパン・リニューアブル・エナジーだったころに建設を完成させ、運転を開始した。このメガソーラーのすぐ北は、阿蘇くじゅう国立公園だ。

釧路湿原国立公園に広がる湿地帯も今やメガソーラーに浸食されて、風前の灯《ともしび》だ。ラムサール条約に日本で初めて登録され、希少な野生生物が生息する釧路湿原を有する釧路市には現在、２０２２年で５７７カ所もの太陽光発電所があるのだという。

これらの太陽光発電所の一部は、タンチョウなどが生息する釧路湿原国立公園に隣接した平原に広がっている。北海道の東部は平地が多く、北海道にしては積雪が少ない。業者にとっては垂涎《すいぜん》の土地ということか。すでに釧路湿原国立公園内には６・６ヘクタールの太陽光発電施設が設置されているのだという（注３）。

なぜ国立公園に太陽光発電施設が？　実は、国立公園は①特別保護地区、②特別地域、③普通地域、などに分かれており、全国の約２４４万ヘクタールの国立公園のうち、普通地域は約25・３％の61万８０００ヘクタールにも及ぶ。普通地域でも建築物の建設は規制がかかるが、太陽光パネルのような規模の小さい建築物は、太陽光発電所は届け出のみで建設できる。規制の対象外なのだ。この普通地区が狙われている。

小泉環境相は、これを「規制緩和しろ」と言うのだ。これがいかに常軌を逸した発言であるかは、お分かりいただけると思う。すでに国立公園内に太陽光発電施設は設置可能だし、実際にかなりの面積がメガソーラーとなっているのだ。「規制緩和」だの「カーボンニュートラル」と言えば、何をやっても許されると思っているのだろうか。

小泉氏はメディアが公表する「総理大臣になってほしい人」の3傑に大概は入る「小石河」の一角だが、この御仁が総理になって、国立公園が太陽光発電に覆《おお》われても、国民の多くは、「この人を総理にしてよかった」と思うのだろうか。

（注1）「排出を全体としてゼロ」とは、二酸化炭素などの温室効果ガスの「排出量」から植林、森林管理などによる「吸収量」を差し引いて、合計を実質ゼロにすること。（関西電力ＨＰより）
（注2）竹内純子著『電力崩壊』（日本経済新聞出版）
（注3）熊森協会ＨＰより

自然エネルギーには「夢と希望」？　「カネと利権」では？

２０２０（令和２）年8月24日と9月4日。『日本経済新聞』に記事広告が掲載された。「自然エネルギーには夢と希望がある」と題したこの記事。のちに東京地検特捜部に詐欺容疑で逮捕されるテクノシステムの生田尚之社長と小泉純一郎元首相の対談である。

牛糞を使ったメタンバイオマス発電事業に取り組んでいます、と語る生田氏に小泉元首相は「素晴らしい。自然界には潜在的なエネルギー源は多種多様に存在している。それを利活用するための技術開発が進めば、地球環境に優しい、人に優しいエネルギー活用の仕組みは作れる」「自然エネルギーには夢と希望がある」と手放しで褒めている。

だが、小泉ファミリーがすでにテクノシステムと昵懇《じっこん》の関係にあった、と知ったならば、前述の小泉元首相の「自然エネルギーには夢と希望もある」ではなく、「自然エネルギーにはカネと利権がある」としか見えなくないだろうか。

例えば、小泉純一郎元首相の長男で俳優の孝太郎氏は2019（令和元）年12月ごろ、テクノシステムのCMに起用されている。「テクノシステムは、『水』『食』『エネルギー』に関するテクノロジーでSDGs経営を実現します」とテクノシステムをPRしている。何のことはない。父、純一郎元首相は、長男の孝太郎氏がCMでPRしたことを『日本経済新聞』の対談形式で宣伝したに過ぎない。

小泉ファミリーの周囲には怪しげな人物が絶えない

横浜市のランドマークタワーに社屋を構え、2019年11月期には、160億円を超す売上高を記録しているテクノシステム。生田社長は小泉ファミリーらの威光を存分に利用して会社を大きくしたのではないのか。

東京地検特捜部は2021（令和3）年5月27日、生田社長（当時）ら3人を金融機関に嘘の書類を提出し、約11億円の融資を騙《だま》し取ったとして、詐欺の疑いで逮捕した。

東京地検の発表などによると、生田社長らは２０２０（令和２）年７月、静岡県内でのバイオマス発電事業と福島県内での太陽光発電事業への融資名目で、静岡県の富士宮信用金庫と徳島市の阿波銀行に虚偽の事実が記載された書類を提出し、計約11億６５００万円を騙し取った容疑が持たれている。

テクノ社は、ネット金融大手「ＳＢＩホールディングス」の子会社「ＳＢＩソーシャルレンディング」から２０１７～２０２０年に計約３８０億円を貸し付けを受けていた。だが、約１３０億円は別の用途に使われていたことが判明し、ＳＢＩはソーシャルレンディングの廃業を決定した。

２００９年に設立されたテクノ社は、東日本大震災で反原発の機運が高まった２０１２年に太陽光発電に本格参入。全国で太陽光発電所の建設などを計画していたが、多くが頓挫《とんざ》。福島県白河市の太陽光発電事業には実体がなかったとして、テクノシステムの当時の専務に東京地裁は懲役3年6月の実刑判決を下している。

反原発を標榜し、自然エネルギーに肩入れする小泉進次郎元環境相や小泉純一郎元首相だが、周囲には怪しげな人脈が絶えない。クリーンエネルギーを標榜しても、背景は決してクリーンとは言い難い。むしろ、底知れぬ深い闇ではないか。

2021年の総裁選では党員票トップだった河野太郎氏

2024（令和6）年8月9日夜、東京・赤坂の日本料理店で2人の政治家が会食していた。河野太郎前デジタル担当相は自分が属する派閥の領袖、麻生太郎前副総裁に立候補する意向を伝え、派閥の支持を求めたとされる。だが麻生副総裁は、岸田文雄首相の再選に理解を示していたとも伝えられている。色良い返事がもらえなかったのかもしれない。

総裁選に色気を見せる河野氏。前回総裁選（2021年）には党員票でトップに立ちながら、議員の支持を得られなかった。岸田文雄前首相との決選投票は、257対170と大差で敗れた。

今度こそ、との思いがあったのだろう。だが、麻生派の中堅議員は言う。

「前回は派閥に対する義理もあって、河野さんに一票を投じた。だが、今回はダメだ。自然エネルギー財団の大林ミカ氏の騒動があったでしょう？　台湾有事があれこれ言われているときに、中国との関係が深い河野さんを推すわけにはいかない」

2019（令和元）年7月19日、外相だった河野氏は南官杓（ナム・グァンピョ）駐日韓国大使を外務省に呼びつけ「極めて無礼だ」と強い口調で言い放った。

この日、いわゆる徴用工訴訟を巡《めぐ》り、日韓請求権協定に基づく仲裁委員会の設置に韓国側が応じず、南氏が韓国側の立場で「（韓国人徴用工への）補償が終結されますよう環境づくりのために日々努力してきております。韓国側はこのような努力の一環として日本側に韓国側の構想をお伝えしてきており、この方法を基礎として、より良い解決策を……」と言葉を継いだところで、河野外相は「ちょっと待ってください」

と制したうえで、「提案が国際法違反の状況を是正するものではないということは、以前、韓国側にお伝えしています。それを、知らないふりをして改めて提案するのは極めて無礼でございます」と口を極めて韓国側を非難したのだ。

こうした「言うべきことは言う」という河野氏の態度は、自民党員に好感されたに違いない。党内で1、2を争う人気を当時は誇っていた河野氏は、だからこそ党員票で断トツのトップの支持を集めたのではないか。

成立自体が面妖で不透明なタスクフォース

ところが、河野氏の別の一面がクローズアップされたのが、内閣府に設置された「再生可能エネルギー等に関する規制等の総点検タスクフォース（TF）で、「中国国家電網公司」のロゴマークが入った書面が、TFに提出された資料の中に入っていた問題だ。2024（令和6）年3月22日のことだ。

資料はTFの委員だった自然エネルギー財団の大林ミカ事務局長が作成、提出したものだった。

なぜ国家電網公司という中国の国営企業のロゴが入った資料が、大林氏が提出した資料の中に入っていたのか。そもそも、この資料は国家電網公司側が作成した資料ではないのか。

言論サイトを運営するアゴラ研究所の池田信夫所長が「ロゴ」の存在を指摘したのが端緒だった。文書のロゴは「Adobeアクロバット」では表示されない。ところが、アップルのPCなどではロゴが浮き出てしまうのだ。

例えば「RE100の進捗」と題された資料。主要5カ国、2022年とただし書きが入れられ、各国の自然エネルギーの比率などが記されていた。例えば、米国77%、英国88%、中国50%とあるのに、日本25%と書かれている。つまり、いかに日本が自然エネルギーを軽視したエネルギー供給を行っているのか、を強調する資料なのだ。

そもそも、このTFの成立自体が面妖で不透明だ。このTFは2020(令和2)

年につくられている。河野氏は行政改革担当相・国家公務員制度担当相、内閣府特命担当相だった。河野氏は一度離任したが、２０２２（令和４）年にデジタル相・内閣府特命担当相に再任されると、このＴＦを再び動かし始める。

ＴＦの委員４人のうち、２人は自然エネルギー財団の関係者だ。大林ミカ氏は同財団の事業局長、高橋洋・都留文科大教授は、自然エネルギー財団特任研究員の肩書を持つ。

孫正義氏の再生可能エネルギーにかける異様な執念

自然エネルギー財団とは、いかなる団体なのか。設立は２０１１（平成23）年８月。東日本大震災から約5カ月後。設立者・会長はソフトバンクグループの会長兼社長の孫正義氏だ。孫氏にとって、東日本大震災は人生を変える出来事だったかもしれない。

２０１１年3月11日、東北、関東地方を襲ったマグニチュード（Ｍ）９・０の大地震は国内観測史上最大級の津波を発生させ、岩手県宮古市周辺では最大40メートルの高さに及んだ。そして、翌12日午後3時36分、福島第一原発が水素爆発を起こした。津波が原発を直撃したことで発生した水素が原子炉建屋に漏洩し、誘爆したと考えられている。

孫氏は福島県を精力的に視察し、被災者に声をかけて回った。そして、声高らかに「義援金として個人で100億円を寄付する」と宣言したのだ。また、2011(平成23)年度以降、社長を引退するまで役員報酬を全額寄付する、とも言った。またソフトバンクグループとしても10億円を寄付すると発表した。

2011(平成23)年5月、100億円のうち40億円はソフトバンクや被災自治体が6月上旬に設立する公益法人「東日本大震災復興支援財団」に寄付し、それぞれ10億円を日本赤十字社と中央共同募金会に、日本ユニセフ協会などに6億円。被災した自治体に2億~10億円の計34億円を寄付する、とソフトバンクから発表された。

この発表の際、孫氏は100億円とは別に、10億円を投じて自然エネルギーの研究や政策提言を進める財団を設立する、とも発表している。これが「自然エネルギー財団」だ。

孫氏の復興支援は称賛に値すると思う。しかし東日本復興支援財団の会長は、何を隠そう孫正義その人である。孫氏は２０１１年４月20日、民主党の復興ビジョン会合で講演し、自然エネルギー財団の設立を発表した。

孫氏は講演で、次のように言った。

「太陽光発電のコストは急速に低下しており、今後は技術革新でさらに下がるだろう」

この「再エネ（太陽光発電）のコストは安い」という言辞は、『グリーン・ニューディール』（岩波新書）という著書を持つ東北大名誉教授の明日香寿川氏と同様の論旨だが、現実は、再エネ賦課金は高騰する一方だ。孫氏は講演で、東日本大震災で被災した東北地方の太平洋沿岸に太陽光発電施設を設置する「東日本ソーラーベルト構想」も明かした。孫氏の希望通りと言うべきか、太平洋沿岸どころか福島県や宮城県の山々のいたるところにソーラーパネルが敷かれているのは、周知の通りだ。

このときの孫氏の再生可能エネルギーにかける執念は異様とも言えた。「再エネにかけるコストは今や原発より安い」と言いながら、菅直人首相（当時）に直訴して事業用で１キロワット当たり40円という破格の買い取り価格を設定させた。これは、当時は世界的にも異例の高値だった。今にして思えば、「再エネのコストは安い」は「デマ」だったと多くの日本国民が確信しているのではないか。

「アジア・スーパー・グリッド構想」の主張

孫氏が10億円の私財を投じて「自然エネルギー財団」を創設したことは、前述した。２０１６年3月30日に自然エネルギー財団は「自然エネルギーの活用に向け国際送電網の構築をめざす非営利団体『ＧＥＩＤＣＯ』への参加について」と題したリリースをマスコミ向けに発出した。

「自然エネルギー財団は２０１１年の設立以来、モンゴルの風力や太陽光発電など、アジア各地の豊富なエネルギー資源を相互に活用しあう『アジア・スーパー・グリッド（ASG）構想』を推進してまいりました。『Global Energy Interconnection』はASG構想の世界版であり、国際的な自然エネルギーの活用を促進するものです。（中略）

GEIDCOの会長には、中国国家電網会長の劉振亜（Liu Zhenya）氏が就任し、副会長には、自然エネルギー財団設立者・会長の孫正義氏（ソフトバンクグループ株式会社代表取締役社長）が、元米国エネルギー庁長官のスティーブン・チュー氏とともに就任しました」

GEIDCOは、非営利団体「グローバル・エネルギー・インターコネクション発展協力機構」と和訳されている。2016年3月に設立されたものだ。孫氏はGEIDCOの創設時からの幹部だったのだ。つまりGEIDCOの創設時からの幹部と見られる。

スティーブン・チュー氏はバラク・オバマ政権でエネルギー長官を務め、1997年にはノーベル物理学賞も受賞した高名な物理学者だ。米セントルイス生まれだが、朱棣文という中国名も持っている。スタンフォード大教授であるが、１９９８年に中国科学院の外籍院士となっている。オバマ政権でエネルギー長官として地球温暖化対策を遂行した実績が、買われたのだろう。

だが、中国科学院は１９４９年の中華人民共和国建国と同年に設立され、国家重点実験室を持つ世界最大の科学研究機関だ。歴代院長は全員が中国共産党の要職を務める。

中国科学院は１９９４年、「百人計画」を発表し、海外にいる優秀な人材を呼び戻す、通称「海亀政策」を行っている。チュー氏も、その「海亀」の１人だったのだろうか。

そして、『ウォール・ストリート・ジャーナル』によれば、ＧＥＩＤＣＯの劉振亜会長は、会長就任時は中国共産党委員会書記である。中国では「高圧電流の父」と呼ばれている。劉氏が進めていた「アジア・スーパー・グリッド構想」とは、「電力版・一帯一路構想」のようなもので、「日本と中国、ロシア、モンゴル、韓国、台湾、フィリピン、シンガポール、タイ、インドをスーパー・グリッドに接続し、福島第一原子力発電所の事故があった際でも停電リスクを減らすことができる」と主張している。

エネルギー供給を他国に頼ることの危険性

しかし、ウクライナ戦争の際にドイツがロシアに天然ガス需要を頼っていたことで、制裁措置に及び腰になってしまったことは知られている。ドイツは２０２１年まではドイツのガス需要の60％をロシアに頼っていた。そして、そのほとんどが「ノルド・ストリーム」経由で供給されていた。

ドイツは２０２２年のロシアによるウクライナ侵攻をきっかけとして、国民の多くの反対を押し切って進めていた「ノルド・ストリーム２」の承認手続き停止を表明した。

前述の事実から分かる通り、エネルギー供給を他国に頼ることの危険性をウクライナ戦争は如実に示した形だ。しかも孫正義氏の盟友、菅直人元首相は２０１７年10月の衆院選で、東京・武蔵野のＪＲ吉祥寺駅前で演説した際、「孫正義さんが中国やモンゴルと日本を再生可能エネルギー網でつなぐ構想を進めている。私はこれに賛成だ」と、わざわざ「アジア・スーパー・グリッド構想」を持ち上げる演説をしたのを直接、見聞きした。

そもそも内閣府のタスクフォース（ＴＦ）は河野太郎規制改革担当相（当時）の肝いりで始め、本来の権限を超え、規制改革推進会議にＴＦの議論も「参考資料」として一緒に配布されていた。規制改革推進会議の答申と誤解される恐れがある、実に姑息なやり方をしていた。

大林ミカ氏は河野氏が外相だった２０１８（平成30）年に外務省に設置した「気候変動に関する有識者会合」のメンバーにも入っていた。さらに河野氏は防衛相のころ、地球温暖化への取り組みとして、２０１９（令和２）年度から可能な限り再生可能エネルギー比率の高い電力を調達するよう指示した。その結果、一部の自衛隊基地には外国資本の企業が参入してきたという事実もあった。防衛機密など「どこ吹く風」である。

「所管外」にもかかわらず、日本の再エネ普及の低レベルを批判

まだ、ある。大林ミカ氏は2000年、環境エネルギー政策研究所（ISEP）の副所長も務めていた。創立時からの立ち上げメンバーだ。大林氏はISEP副所長という肩書きをフルに使って、2008年～2009年、駐日英国大使館の気候変動政策アドバイザー、2010年から11年まで国際再生可能エネルギー機関（IRENA）のアジア太平洋地域の政策・プロジェクトマネージャーとなった。

河野太郎氏は外相時、2018年にIRENAの総会に出席し、所管外であるにもかかわらず、「日本の再エネ普及の低レベル」を大いに批判したのだという（沢田哲生・東京工業大原子炉工学研究所助教・工学博士のシンクタンク「グローバル・エナジー・ポリシー・リサーチ」への寄稿）。このころ、河野太郎氏はイイノホールで自然エネルギー財団が開催した「自然エネルギー大量導入が世界を変える」という講演を行っ

た。まるで大林ミカ氏は河野太郎氏と二人三脚で動いているかのようだ。

大林ミカ氏とは何者だったのか。福岡・小倉の高校を卒業するまで、翻訳家を志していた大林氏は１９８６年のチェルノブイリ原発事故をきっかけに、反原発活動に身を投じるようになる。反原発運動では有名な高木仁三郎氏の主宰する原子力資料情報室に入った。原子力資料情報室には全共闘運動の闘士もいたそうだ。このときに、左派政治家との知遇を得たようだ。（『原子力産業新聞』２００７年11月８日）

左派・反原発人脈の大林氏と自民党総裁を目指そうかという河野太郎氏が、なぜここまで蜜月だったのか。大林氏の異例の「出世」の背景に、河野氏の影響がなかっただろうか。

このＴＦの問題を専ら大きく報道したのは、『産経新聞』と、その僚紙である『夕刊フジ』だった。

「再エネは民主的で平和のエネルギー」？

対照的に『東京新聞』は、「これって『再エネヘイト』では？　内閣府資料に『中国国営企業のロゴ』で騒ぎになった背景を考えた」と題する記事を2024年4月20日に配信した。

荒井六貴、西田直晃、木原育子という3人の記者の連名による長文の記事を読むと、前述した事実関係よりも、ひたすらネットで不穏なワードが飛び交った、と書いているのが目立つ。

例えば、以下の文章だ。

〈だが、交流サイト（SNS）には「背後関係を洗い出すべきだ」「中国共産党の工作員」といった投稿が相次いだ。（中略）

財団が誤解の原因の1つに挙げるのが、設立当初から進めてきた「アジア国際送電網（ＡＳＧ）構想」。東日本大震災を経て安定的な電力確保のため、再エネ資源を相互活用し、各国の送電網を結ぼうという取り組みだ。この構想をやり玉に挙げ、国民民主党の玉木雄一郎代表は会見で「エネルギーの中ロ依存が高まる。生殺与奪を握られてしまう」と批判を浴びせた。

こうした声に対し、会見で大野氏（輝之常務理事）は「国際送電網はわれわれに限らず、さまざまな団体や研究者、資源エネルギー庁が議論してきた。中国が最初に提唱したものでもない」と反論。ウクライナなど国際情勢の変化により、20年以降の検討組織は「閉店休業状態」だったとも説明し「日本の利益のためだ。決して中ロのためではない」と強調した。〉

こういった論調で、「再エネは民主的で平和のエネルギー」と述べる新潟国際大の佐々木寛教授（政治学）のコメントで終えている。

記事では河野氏が大林氏を重用し、規制改革会議の答申に参考資料としてＴＦの資料を入れたことなどには一切触れていない。確かにＡＳＧは自然エネルギー財団だけが主張しているわけではないが、菅直人氏の演説でもわかるように、孫氏と自然エネルギー財団の影響力は桁違いだ。おまけにＧＥＩＤＣＯの会長が元中国共産党書記の劉振亜氏で、副会長が孫正義氏であることも触れていない。佐々木教授は、一般社団法人「『おらって』にいがた市民エネルギー協議会」の代表を務め、新潟国際大と自然電力株式会社が包括連携に関する覚書を２０２３年７月に締結したときに中心的に活動していたようだ。

蛇足ながら自然電力は岩手県大船渡市で約95ヘクタールもの大規模な太陽光発電所施設の建設計画を進めており、地元で反対運動が起きている。

『東京新聞』は２０１１年の福島第一原発事故以来、太陽光発電などの再生可能エネルギーを礼賛する記事を多く掲載しているが、問題点を示した記事はほとんど見ない。

『朝日新聞』は２０２４年5月15日、論説委員の石井徹氏の記事を配信している。〈日本では、なぜこんなにも再生可能エネルギーが嫌われるのか。３月にあった、再エネ拡大に向けた有識者会議に提出された資料に中国国有企業のロゴマークが入って

いたことに対する「誹謗中傷」（※かぎかっこは筆者注）とも言える反応についてだ。〉

……と『朝日新聞』お得意のレッテル貼りが全開だ。

〈ＳＮＳなどでは「財団には中国から金が出ている」「日本のエネルギー政策に中国が影響を与えている」と大騒ぎになった。委員に対し、「偽名で日本人ではない」などといった中傷や個人攻撃、脅しも続いた。〉

と書いている。ＳＮＳのごく一部の極端な個人の投稿をさも再生可能エネルギーに反対する人々の総意であるかのように摘示し、「ほらね、再エネに反対している連中は、こういうヤバい奴らなんですよ」と、ごく一部のことをさも全体がそうであるかのように歪曲して記事を書くのは、『朝日新聞』の常套手段だ。これも蛇足だが、かくいう自分も掲載された記事をめぐって、度を越した誹謗中傷を受けたことがあった。自衛隊を認めたくない人々と思《おぼ》しき投稿だった。だが、左派の人々が全てこうした誹謗中傷をするとは思っていない。

また自然エネルギー財団や大林ミカ氏に関して、不都合な事実は『朝日新聞』も『東京新聞』も、こうした擁護記事には書かれていない。一党独裁国家で、専制主義国家である中国の共産党に極めて近しい人物がトップを務める団体のナンバー2に日本の影響力の強い財団のトップが就いていたら、「何の問題もないだろう」と看過して良い問題だとは到底思えないのだが……。自分たちにとって不都合な事実を書かない報道姿勢も、広義の「デマ」と言えるのではないか。

玉木雄一郎氏の疑問に答えられるメディアはあるのか

国民民主党の玉木雄一郎代表が2024（令和6）年3月31日、動画投稿サイト「YouTube」の玉木雄一郎チャンネルで次のような事実を明かした。航空自衛隊防府北基地（山口県防府市）などが、施設で使用する再生可能エネルギーをタイの電力大手の子会社から調達していたというのだ。玉木氏は「（電力）使用量を見れば、自衛隊の動きが分析、推察可能だ。防衛施設へのエネルギー供給は相当センシティブ（敏感）に考えねばならない」と指摘した。

この玉木氏の指摘を受けて、『産経新聞』のネットニュースを担当する奥原慎平記者は独自に調査したようだ。

防衛省によると、2023（令和5）年度に再エネ調達を実施した施設の電力量上位10施設のうち、1位の防府北基地SSAレーダー地区（約1148万kWh＝キロワットアワー）を含む4施設がタイの総合エネルギー企業、バンプーグループの子会社の電気供給事業者（東京都千代田区）と契約を結んでいたのだという。

ほかの3施設は防府北基地（約488万kWh）、石川県小松市の小松基地（住居地区、約371万kWh）、小松基地（運用地区、約347万kWh）。

これも主導していたのは、河野太郎氏だった。2019（令和2）年度以降、防衛相を務めた河野太郎デジタル相が主導する形で、全国の施設で再エネ調達を進めており、2023（令和5）年度は全969施設のうち、50施設で再エネの調達が可能になったという。しかも36施設は、再エネ比率100％の電力調達を達成した。

防府北基地といえば、防府市浜方という、基地からわずか南西に400メートルほど行った場所に、中国系外資企業「カナディアン・ソーラー」(カナダ・オンタリオ州)の子会社が大規模な太陽光発電所を建設している。ご丁寧にカナディアン・ソーラーはドローンを飛ばしたのか、上空写真をホームページ(HP)に掲載しているのだが、キリンレモンスタジアムが写っている。実はその上空写真をもう少し左に向けて撮影すれば、航空自衛隊防府北基地は丸見えだ。ドローン撮影の許可がよく下りたものだと思うが、もし中国で日本企業が同じことをすれば、許可は当然下りないだろうし、下手をしたら投獄されるだろう。

こんな体《てい》たらくなのが、日本の国防の現状だ。よもや河野前デジタル相が「ここにつくっていいよ」と許可を出したわけではないだろうが、あまりに無防備すぎないだろうか。玉木氏の指摘通り、電力量を見れば、部隊の動きは手に取るように分かる。こうしたことを『産経新聞』以外は、これまた全く問題にしない。タイのバンプーは石炭生産、採掘ではタイ最大手の企業だ。グループは中国やインドネシアにも石炭採掘を展開しており、精糖、ホテル事業も手がける。創業家のウォンクソンキット家は華僑だ。山形県川西町などでも大規模な太陽光発電事業を展開している。

「華僑といってもタイ企業ではないか、目くじらを立てなくても……」と『産経新聞』以外のメディアは思ったのかもしれない。だが、玉木氏の疑問に真正面から答えることのできるメディアは果たしてあるのだろうか。中国ならばダメで、タイならば良い、という問題でもないだろう。

再エネに血道を上げる途上に国防の概念を置き忘れたのか

河野氏は原子力発電所を目の敵《かたき》にしてきた。経済産業省の官僚を眼前で怒鳴りつける音声データが２０２１(令和３)年９月１日、『週刊文春』で公開され、話題になった。

経産省資源エネルギー庁が２０２１（令和３）年８月に出した素案では、２０３０年に、総発電量における再生可能エネルギーの比率を36〜38％程度にするということだった。

この数字は、2021（令和3）年4月に米のジョー・バイデン大統領主催の気候変動に関する首脳会議（サミット）に出席した菅義偉首相（当時）が「野心的な目標として2030年度に46％削減を目指す」と各国首脳に述べたことを受けているが、2019（令和元）年度実績の2倍に当たる。

この36～38％という数字だけでもかなり無茶で、実現可能性があるのか甚《はなは》だ疑問な数字なのだが、河野氏は資源エネルギー庁の山下隆一次長、小沢典明統括調整官を呼びつけ、「36～38％に、『以上』という文言を入れろ」と強く迫った。小沢氏は「『以上』という文言を入れれば、産業界に『最低でも38％は達成するだろう』という誤ったメッセージを与え、企業の設備投資にも大きな影響を及ぼしてしまいます」と返答した。すると河野氏は激高し、「積み上げて36～38になるんだったら、『以上』は36～38を含むじゃないか！　日本語がわかるやつを出せよ、じゃあ！」と怒鳴りつけた。そして「はい、次」「はい、ダメ」と小沢氏らの言葉を遮《さえぎ》り、その数は13回にも及んだという。

河野氏は東京電力福島第一原発事故の後、超党派の議員連盟「原発ゼロの会」を立ち上げた政治家だ。そして再エネ原理主義者の河野氏は、左派活動家とも言える大林氏を自らの権限で立ち上げたタスクフォースで委員に推薦し、特別扱いを続けた。その大林氏は、中国国家電力網のロゴが入った書面をTFに提出した。「中国の影響下にあるのではないか」と言われるのは当然で、実際に河野氏は外資系企業を自衛隊施設の中に誘い込んでしまった。再エネに血道を上げる途上に、何よりも大切な国防の概念をどこかに置き忘れてしまったのではないか。

河野家のファミリー企業から計6700万円もの献金が

河野氏の対中姿勢について、懸念の声が消えないのは、一族が経営している日本端子（神奈川県平塚市）の存在だ。日本端子は1960（昭和35）年に設立された65年の歴史を持つ企業だ。創業したのは、自民党党人派の代表格といわれ、副総理、自民党幹事長などを歴任した河野一郎氏。代表取締役は河野二郎氏。河野太郎デジタル相の実弟に当たる。官房長官や自民党総裁、衆院議長などの要職を務め、自民党リベラル派の代表格とも言える河野洋平氏が大株主。河野太郎氏も株式を保有していた時期があり、1993（平成5）年から約9年間、同社の取締役を務めていたこともある。また『週刊文春』は2021（令和3）年、河野太郎氏の政治団体が、日本端子をはじめとする河野家のファミリー企業から少なくとも計6700万円もの献金を受け取っていると報じている。

そんな河野太郎氏だが、この日本端子は中国に3つの合弁企業がある。このうちのひとつは、北京日端電子有限公司だ。資本の40％は京東方科技集団股份有限公司（BEO）が出している。この会社の董事長（日本でいうCEO）は陳炎順氏。中国共産党の優秀党務工作者300人の筆頭に名前が挙がる人物と言われている。

しかもBEOは韓国のディスプレー専業メーカー、ハイディスを買収した際、ハイディスの労働組合から「技術をハイディスから奪うだけ奪って倒産させた」と批判され、韓国経済新聞社からもサムスンの折り曲げ可能スクリーンを剽窃《ひょうせつ》したと報じられるなど、何かとお騒がせな企業だ。

２０２１年の自民党総裁選の際、河野氏は「首相にしたい政治家」の1位になったこともあり、１６９票の党員票を集めた。第2回投票でも地方票47都道府県のうち、39都道府県を制するなど、圧倒的な人気を誇りながら、都道府県票で8票しか取れなかった岸田文雄首相に議員票で後塵を拝し、2位に甘んじて、総理総裁の座を逃した。

だが、最近は河野氏の人気は急落しており、かつての勢いはない。河野氏がナンバー2を務める麻生派の中堅議員は「河野さんはリベラルに過ぎる。麻生太郎副総裁の政治信条と合わないでしょう。麻生派を出てしまったほうが、すっきりしたのではないだろうか」と評する。

しかし、こうした中国企業との「微妙な関係」は新聞、テレビは報じない。『産経新聞』は、河野太郎氏が「何か特定のために政治活動をゆがめるつもりは全くない」と否定した事実を報じる形で、河野氏の日本端子と中国政府との関係が疑問視されていることを間接的に伝えたのみだ。

新聞やテレビが黙殺し、雑誌が火消しに動いても……

河野太郎氏は２０２２（令和４）年６月、自身の事務所のホームページ（ＨＰ）に「日本端子と太陽光パネル」と題して「デマをしつこく流す人がいます」と書いて、「中国で中国企業向けの太陽光発電のパネルを製造して儲けている」とデマの内容を述べ、「日本ではかつて日本の太陽光パネルメーカー向けの端子・コネクタの製造を行っていましたが、２０１５年に製造販売は終了しています」と説明している。

ノンフィクションライターの窪田順生《くぼたまさき》氏も、「日本端子が太陽光パネルの部品を中国で生産しているというのは､デマだ｣と河野事務所がＨＰで釈明した時期の直前に、『週刊ダイヤモンド』に寄稿している。

確かに一部で日本端子が太陽光発電のパネル製造を手掛け、それがために河野氏は再エネ推進派なのだ、という声はあった。日本端子は自動車用のコネクタや圧着端子が中心なのは事実だ。中国企業の資本比率が高いことも、中国に進出する際にはままあることだ。

だが、こうした言説に欠けているのは、河野太郎氏が外相や防衛相など、日本の国防や外交を担う部署のトップを務めた大臣経験者であり、しかも党総裁になろうという人物であることだ。その親族企業が中国共産党に極めて近い人物が董事長を務める会社と合弁を組んで、金儲けをしていて、対中外交に影響が出ない、と誰が言い切れるのだろうか。

新聞やテレビが黙殺し、雑誌が火消しに動いても、河野氏の一連の問題が惹起《じゃっき》したことによって、今や河野氏が党員票で独走するのは不可能だといわれている。新聞やテレビなどの既存メディアがいかに国民に信用されていないかを示す、証左の１つであるとも言える。

第2章

杉田水脈氏が左派勢力から狙われる理由

もはや「ミオガー」とでも言うべき共同通信の粘着ぶり

共同通信が杉田水脈前衆院議員を執拗に攻撃している。2024（令和6）年に入ってからの配信記事を探しても、「首相、杉田氏批判避ける　アイヌへの差別的言動」（2月1日）、「杉田衆院議員『歴史修正でない』　朝鮮人追悼碑否定を強弁」（2月10日）、「追悼碑の撤去問題で憎悪扇動　杉田議員『朝鮮総連系が関与』」（2月17日）、「杉田水脈議員、教育勅語を礼賛　『なに一つおかしくない』」（2月19日）、「杉田氏、再びアイヌ中傷　『存在しない差別話す人』」（3月9日）、「『公安の協力で締め出せ』杉田水脈氏、一部有識者巡り」（3月30日）、「『杉田水脈議員招待しないで』市民団体が山口市に要望」（4月11日）、「自民・杉田水脈氏が排外的投稿―教育勅語礼賛巡る批判に」（4月24日）、「自民・杉田水脈氏『言論弾圧』　男女平等否定への批判に」（8月3日）、「杉田水脈　共同通信」とワードを入れて20～30分検索しただけで、前記のような記事がヒットした。もはや風物詩といった感がある。

日本を代表する通信社と言われている共同通信だ。杉田氏は比例中国ブロックで当選しており、基本的には地元選挙区は山口県である。当然、地元紙にも杉田氏への批判記事を掲載した地元紙（山口県であれば『山口新聞』、ブロック紙であれば『中国新聞』）が地元の有権者の各戸に配布されるだろう。さぞ沈み切っているかと思いきや杉田氏は意気軒高で、月刊誌『Ｈａｎａｄａ』２０２４年1月号で「私はつぶれません。まだまだ戦っていきます」と訴えている。ご丁寧に共同通信はこれも２０２３（令和５）年12月9日に配信した。もはや粘着していると言っても良い。同じ左派紙の『朝日新聞』『毎日新聞』でも、ここまでではない。もはやストーカーのようだ。故・安倍晋三元首相が行くところ、演説の妨害をする集団がいた。何でも安倍元首相のせいにする一部の左派勢力の人々をネットスラングでは「アベガー」と言うが、共同通信はもはや「ミオガー」とでも言うべきかもしれない。

なぜ杉田水脈前衆院議員が、ここまで共同通信に嫌悪《けんお》されているか。杉田氏が国連に乗り込み、左派団体の主張を唯々諾々《いいだくだく》と受け入れて、勧告を出していた国連の実態を白日の下《もと》に晒《さら》した恨みを買っているのではないか、と思う。杉田氏のやってきた功績を見ると、それはよりはっきりと浮かび上がってくる。

「慰安婦問題」を巡る国連の実態を暴いた杉田水脈氏

杉田氏が２０１０年代に最も傾注した問題は、「慰安婦問題」だろう。杉田氏自身、日本維新の会から出馬して当選後、訪米した２０１３年が転機だったと著書で述べている。

２０１３年夏に訪米した杉田氏は、ジョージ・W・ブッシュ政権で国務副長官を務めた知日派のリチャード・アーミテージ氏らと面会した。その席で、アーミテージ氏らが「近年、日韓関係が悪化しているのは、慰安婦問題があるからではないか」と指摘した。中国が徐々に経済大国、軍事大国として勃興《ぼっこう》し、当時のアメリカは日韓が離反し、共産主義国に宥和的な韓国の左派勢力にも神経をとがらせ始めていたころだった。

杉田氏は著書で次のように回想している。

〈当時の私は、慰安婦問題は一部の韓国人と左派が騒いでいるだけだと考えていました。（中略）慰安婦問題は解決済みと言える状況ではなく、すでにアメリカなどを巻き込んだ大きな問題に発展していることが分かり、私は政策の軸に据えて活動することにしたのです。〉

ここで慰安婦を巡る戦後の歴史について、おさらいしてみようと思う。

１９８２（昭和57）年に『朝日新聞』が吉田清治氏の証言をもとに記事を掲載。この吉田証言は大きな反響を呼び、吉田氏は講演に引っ張りだことなる。１９９０（平成２）年には韓国で挺身隊問題対策協議会（挺対協）が設立され、１９９１（平成３）年には『朝日新聞』の植村隆記者が「元慰安婦」の証言を報道。「『女子挺身隊』の名で戦場に連行された」と報じた。

1992(平成4)年4月30日付の『産経新聞』は、歴史家の秦郁彦氏(日本大学、拓殖大学、千葉大学などの教授を歴任)の韓国・済州島での調査に基づき、吉田氏の「慰安婦狩り」証言に疑義を呈する記事を掲載した。これ以後、吉田氏は人前に出なくなり、『朝日新聞』の吉田証言を取り上げなくなった。

だが、河野洋平官房長官は1993(平成5)年、慰安婦募集の強制性を認めた「河野談話」を発表。これが、後々まで日韓の防衛・外交にまで影を落とすことになる。

しかし、政府がいくら「お詫びと反省」を強調しようとも、日本バッシングは加速する一方で、1996(平成8)年には国連人権委員会が慰安婦を「性奴隷」と呼び、慰安婦の数は20万人にのぼるなどと記述した「クマラスワミ報告」を採択。第一次安倍政権は「政府が発見した資料には軍や官憲による強制連行を示す記述はなかった」と火消しに転じたものの、2013(平成25)年には米カリフォルニア州グレンデール市の図書館そばにアメリカで初めて慰安婦像が設置された。2014(平成26)年8月にはようやく『朝日新聞』が1991年の植村記者の記事の削除などを決め、公表。一連の慰安婦報道の多くが誤っていたなどとして謝罪した。

２０１５年10月、国連教育科学文化機関（ユネスコ）に中国が「慰安婦に関する資料」を申請した。しかし、ユネスコは慰安婦資料の登録を見送り、他国の資料も併せて共同申請したらどうか、と助言した。これに沿う形で、２０１６年、中国は韓国や台湾、日本の民間団体まで誘って共同で申請した。

杉田氏は２０１６年８月、米ニューヨークで開催された講演会「このままでいいのか、日本！」で高橋史朗・明星大学教授から「記憶遺産を申請する動きを主導しているのは日本のＮＰＯ法人だ」と聞き、杉田氏はこれらの団体が国連に働きかけていることを知り、こうした左派団体の日本を貶める活動の阻止に動くようになる。

２０１５年、中国が申請した「旧日本軍による南京大虐殺に関する資料」をユネスコは、世界記憶遺産に登録した。日本政府は「ユネスコの場を政治的に利用している」と中国を批判したが、当の中国は馬耳東風。このとき、中国は「従軍慰安婦に関する資料」まで登録を申請していたが、先に記載した通り、登録は見送られた。日本国内では、この決定は衝撃を以て伝えられ、菅義偉官房長官は「ユネスコへの分担金、支払金の停止、削減も検討する」と述べた。菅氏は「公正中立であるべき国際機関として問題だ。政治利用されるような制度、仕組みの改正を強く求めたい」と強調したが、後の祭り。日本の「河野談話」に象徴される「土下座外交」が問題の解決にならないどころか、却《かえ》って、日本バッシングに拍車をかけている現実に日本国民の多くは、否が応でも気づかされたのではないだろうか。

杉田氏の真骨頂は、国連というものがほとんど調査機能を持たず、左派系の非政府組織（NGO）の主張を唯々諾々と受け入れ、勧告している実態を暴いたということだろう。国連という響きに日本人は弱い。対してアメリカは、国連何するものぞ、という気概を強く示している。

『朝日新聞』と左派NGOにとっては不倶戴天の敵

２０２０年4月、ドナルド・トランプ大統領は、世界保健機関（ＷＨＯ）が、新型コロナウイルス対策に際して「過度に中国寄りだ」とＷＨＯを批判し、ついにはＷＨＯの年間予算の15％を占める資金の拠出を凍結すると発表した。実際にトランプ大統領は２０２０年7月、脱退の手続きを進めた。11月に行われた米大統領選の投開票の結果、トランプ氏をジョー・バイデン元副大統領が破り、２０２１年2月、２億ドルあまり（約２１０億円）を拠出することを決めたが、最大の資金提供国を怒らせたＷＨＯはさぞ肝を冷やしたことだろう。

日本も２０１９年、国際組織の「横暴」に逆ギレし、脱退したことがある。国際捕鯨委員会（ＩＷＣ）だ。安倍晋三内閣の菅義偉官房長官は「ＩＷＣが１９９０年までにゼロ以外の捕獲枠を検討し、それまでの間、商業捕鯨の捕獲枠をゼロに設定するという約束を守らなかった」と脱退の理由を述べている。日本の左派メディアは「短絡的だ」「国際社会に背を向けている」と散々な言いようだったが、反捕鯨国の横暴に振り回された国際捕鯨委員会は日本の脱退以後、わずか3年後に「数年以内に破綻の恐れがある」と報告されるまでに財政状況が悪化している。日本は脱退まで加盟国でトップの約10万5000ポンド（約2億4000万円）を負担していた。これは全体の8・6％にあたり、加盟国最高額だ。

クマラスワミ報告が出されるまでの経緯を見れば、国連がいかに左派系NGOの言い分を唯々諾々と認めていたかが分かる、それを左派メディアが「ほら、こんなに国連が怒っている。日本は人権後進国なんだ」と報じ、それを鵜呑《うの》みにした国民の圧力で、政府の土下座外交が繰り返される。

国連人権理事会が採択したクマラスワミ報告の場合、報告書の根拠は、元慰安婦たちの証言と慰安婦の強制動員に関わったと「自供」した吉田清治氏の証言だ。

国連のラディカ・クマラスワミ特別調査官の前で、元慰安婦たちは「日本軍に強制され、意思に反して性奴隷のような行為をさせられた」と述べた。

ところが、その後の調査で何人もの慰安婦たちがソウル大学やサンフランシスコ州立大の教授の聞き取りに虚偽の証言をしたことを認めた。『朝日新聞』は吉田清治氏の著書『私の戦争犯罪　朝鮮人強制連行』（三一書房）を根拠に報道し、これが30年余りの長きにわたって、さも史実であるかのように拡散された。

当時、一民間人となっていた杉田氏はスイス・ジュネーブまで赴き、クマラスワミ報告の撤回を求めた。２０１６年2月16日、国連欧州本部で開かれた女子差別撤廃委員会の対日審査の席で、政府団長の杉山晋輔外務審議官（当時）は、「慰安婦が強制連行された」という見方が広く流布された原因は吉田証言と著書であること、『朝日新聞』の報道が原因であることを述べ、『朝日新聞』がすでに誤報を認め、訂正していることを説明し、「慰安婦の数が20万人であるという主張は女子挺身隊と慰安婦を誤って混同した可能性があり、具体的な裏付けがない」旨、反論した。日本政府が正面から慰安婦問題に対して、国連の席で反駁《はんばく》した初めての出来事だった。

杉田氏は活動を通じて、「国連の委員会という席が、左派ＮＧＯの言い分をまとめて、基本的にはそのままの形で日本政府に勧告を出しているに過ぎない」という「国連のマジック」を解き明かしてしまった。２０１５年ごろ、日本のＮＧＯと、北朝鮮とのつながりが指摘されている韓国の「韓国挺身隊問題対策協議会」（挺対協）〈現在は「日本軍性奴隷制問題解決のための正義記憶連帯（正義連）」〉など左派団体は、国連の7つもの委員会に慰安婦問題を提議し、日本を糾弾《きゅうだん》していた。

こうした事実を白日の下に晒し、「国連」という言葉の響きにめっぽう弱い日本国民の眼を開かせ、その国連の委員会が左派系NGOの独壇場になり、日本バッシングが収まるどころか激化している実態を著書やブログなどで発信してきたのが、杉田氏なのだ。

このカラクリを暴き、彼ら左派NGOの「活躍」の舞台に水を差したのだから、杉田氏がその後、不倶戴天《ふぐたいてん》の敵として『朝日新聞』や左派NGOの脳裏に深く刻まれたのは、当然の帰結と言えよう。

杉田水脈氏だけにターゲットを絞った集会

２０２４（令和６）年1月13日、北海道札幌市でマイノリティへの「ヘイトスピーチをゆるさない『人である人』いま再び集まろう」という集会が札幌市中央区で開かれた。何と主題は、「政府与党・杉田水脈議員に対する抗議集会」と銘打っている。ヘイトスピーチをしたとして、杉田水脈前衆院議員だけにターゲットを絞った集会なのである。

実はこの集会を知ったのは、ある政党の関係者から相談を受けたことだった。「うちの事務所にこんな文書が届いているんだけど……」と見せられた文書には集会の名前と、杉田前衆院議員の名前が大書されたチラシだった。「うちの政党の支部として協賛する声明を出すべきか」ということで、相談があったのだった。

チラシには、共同代表として３人の名前が記載されていた。曹金時江（チョキムシガン）氏、ジェフ・ゲーマン氏、木村二三夫氏の３人だ。

曹金氏は、姓名から察するに韓国にルーツがある人物と思われる。毎月11日に「フラワーデモ」を札幌市で行っていた。

「フラワーデモ」とは、性暴力に抗議する社会運動だ。２０１９年4月に始まったといわれている。主催したのは、『朝日新聞』にもたびたび登場する作家の北原みのり氏。北原氏とは話をしたことはないが、会ったことはある。

東京・神田のＹＭＣＡ会館で、北原氏と尹美香（ユン・ミヒャン）氏が並んで、性暴力被害を訴える会見を開いた際に取材したからだ。尹氏は韓国左派の「共に民主党」に所属する国会議員で（現在は無所属）、正義連の前の理事長だ。

２０１２年ごろから慰安婦像を建立する活動をしたり、慰安婦問題解決のために日本政府によって設立された「アジア女性基金」から韓国在住の元慰安婦へ寄付金の支給を始めた際、挺対協はこの寄付金を受け取らないよう慰安婦らに働きかけていた。

だが２０２１年に不透明な不動産売買や経費の不正利用、横領疑惑、夫が北朝鮮のスパイである疑惑などが次々に指摘され、「共に民主党」から除名されている。

２０２４年11月には横領罪で執行猶予つきの有罪判決が確定した。

「フラワーデモ」といえば、新井祥子町議（当時）に対する性交渉をでっち上げられ、誹謗中傷にさらされた群馬県草津町の黒岩信忠町長は、２０２３（令和５）年４月、「月刊正論オンライン」で、こう憤っている。

「『しんぶん赤旗』には、フラワーデモ群馬主催者代表の田嶋みづき氏による『町長から性暴力を受けたと告発したことでリコールとなり失職した新井祥子・元草津町議、日本共産党の山田みどり中之条町議らが参加しました』『性暴力を訴えると排除される社会を変えよう』（一般社団法人Ｓｐｒｉｎｇ代表理事、山本潤氏）といったコメントが掲載されていました。どれも私が加害者、新井氏は被害者だという前提に立ったものばかりです。山本氏はＳＮＳで『＃レイプの町草津』というタグを広めた人物と言われていて、法務省の性犯罪に関する刑事法検討会の委員という要職にあるそうです」

このフラワーデモがいかなるものか、ご理解いただけたと思う。黒岩氏は北原氏が『朝日新聞』系の「ＡＥＲＡｄｏｔ.」に「たとえ加害の事実がなかったとしても、この議会そのものが十分に性暴力でミソジニー（女性蔑視）だった」などと述べ、新井町議をかばったと指摘している。新井町議は2024（令和6）年4月、前橋地裁（田中芳樹裁判長）で275万円の賠償命令を受けている。新井町議は虚偽告訴の罪で前橋地検から在宅起訴処分を受けたが、公判はまだ開かれていない。

自社の誤報には口を噤んで議員辞職を迫る尊大さ

2016年2月、国連欧州本部で、女子差別撤廃委員会の対日審査が行われた。「慰安婦とは性奴隷である」と日本の左派勢力は訴えていた。前年の2015年ごろから杉田氏は、「慰安婦は性奴隷」と断じたクマラスワミ報告を撤回するよう繰り返し求めていた。

杉田氏はわずか1分のスピーチながら、「政府が発見した資料には、軍や官憲による『強制連行』の事実は確認できなかった。一方で『クマラスワミ報告』には20万人の慰安婦が性奴隷にされた、とある。委員会はこの矛盾について、明確にするよう日本政府に求めてください」と述べた。これらの杉田氏の言動が、左派勢力に押されっ放しだった国連の景色を変えた。２０１６年2月16日、日本政府代表団長の杉山晋輔外務審議官（当時）が「日本政府は、日韓間で慰安婦問題が政治・外交問題化した１９９０年代初頭以降、慰安婦問題に関する本格的な事実調査を行ったが、日本政府が発見した資料の中には、軍や官憲によるいわゆる『強制連行』を確認できるものはなかった」と、クマラスワミ報告の基《もと》になった吉田清治氏の著書『私の戦争犯罪』や『朝日新聞』の誤報についても指摘し、慰安婦が、日本軍が強制連行した性奴隷であることを明確に否定した。つまり左派ＮＧＯの人たちは、自分たちの虚偽の主張＝「デマ」と、それを利用した国連工作が白日の下に晒され、大いに恥をかいたわけだ。

この際に、杉田氏が自身のフェイスブックに「チマチョゴリやアイヌの民族衣装のコスプレおばさんまで登場。完全に品格に問題があります」と投稿した。これが彼らの自尊心をいたく傷つけたようで、大阪府在住の在日韓国人女性が、２０２３（令和

5）年2月に法務局に被害を申し立て、2023（令和5）年9月と10月、札幌法務局と大阪法務局が相次いで、杉田氏に「啓発」を行った。これを「杉田氏がアイヌ民族や在日韓国人に対してヘイトスピーチを行った」という根拠になっているわけだ。
法務省の人権相談は、2004（平成16）年の訓令「人権侵犯事件調査処理規程」に詳細が定められている。人権侵犯の事実が認められると、「援助」「調整」「説示・勧告」「要請」「通告」「告発」「啓発」の7種類の救済措置が講じられる。

弁護士ドットコムによれば、善処を求める「説示」や、繰り返させないために文書で事実を摘示する「勧告」などと比べ、「啓発」は7種類の中で最も軽いという。もっとも、軽いからといって杉田氏の投稿を「問題がない」などと言うつもりは毛頭ないが、吉田調書を取り上げ、誤報を指摘されたうえ、最終的に社長の引責辞任にまで追い込まれた『朝日新聞』は、この「啓発処分」を大きく報じ、2023（令和5）年9月23日の社説に至っては「もう議員の資格はない」と杉田氏に議員辞職まで迫った。

杉田氏は2022（令和4）年12月、一連の発言をめぐって外務政務官を事実上、更迭されているにもかかわらず、である。『朝日新聞』は盗人猛々しいにもほどがある。「江戸の敵を長崎で討つ」と言うが、『朝日新聞』の行動原理は、まさにそれだ。おまけに自社の誤報には口を噤《つぐ》んで議員辞職を迫るとは、『朝日新聞』はどれだけ尊大なのだろうか。

ちなみに「啓発」は人権侵害が認定されなかったときでも、発出される場合があることは申し添えておきたい。

親北勢力に支配されていた国連の状況に風穴を開けた

そして、前述した２０２４（令和６）年1月の「ヘイトスピーチをゆるさない『人である人』いま再び集まろう」と題された抗議集会の賛同団体は、アイヌ女性会議メノコモシモシなどのアイヌ系の左派団体、沖縄の基地を考える会・札幌といった憲法９条擁護団体など多種多様な団体があった。

その中に、『週刊金曜日』釧路読者会という団体があった。『週刊金曜日』の前社長は、ほかの植村隆氏だ。『朝日新聞』ソウル特派員時代に「従軍慰安婦」に関する記事を何度も書き、1991（平成3）年、大阪社会部在籍時に書いた、元慰安婦、金学順氏の証言など2本の記事に関し、金氏が証言していないのに「強制連行」と書いたことなどが問題になり、「意図的に事実と異なる記事を書いた」と最高裁で認定された。『朝日新聞』は2014年12月、この植村氏の記事に関して、謝罪記事を出している。そして、『週刊金曜日』の現在の社長は、元『朝鮮新報』記者の金聖姫氏だ。『朝鮮新報』は、朝鮮総連中央常任委員会の機関紙である。

筆者に「調べてほしい」と依頼をしてきた某政党の幹部には、前述のような事実を伝えた。「そうだったんだ……」と、その幹部は絶句した。杉田氏のフェイスブックの投稿を全面的に擁護する気はないが、彼らの背景事情を知ってしまうと、杉田氏の2015～2016年の一連の活動には敬意を表さずにはいられない。

国連は親北勢力に支配されていたと言っても過言ではなかった。それに風穴を開けたのが杉田水脈氏だったのだ。

「『新潮45』廃刊事件」で筆者が思ったこと

杉田氏は以後、彼らに目の敵にされ、狙われ続けた。2018（平成30）年、『新潮45』の廃刊にまで至った騒動は、その一環ではないか。

『新潮45』2018年8月号で杉田氏が「LGBTの支援が度が過ぎる」と題する論文を寄稿した。

杉田氏は、こう書いている。

〈例えば、子育て支援や子供ができないカップルへの不妊治療に税金を使うのであれば、少子化対策のためにお金を使うという大義名分があります。しかし、LGBTのカップルのために税金を使うことに賛同が得られるものでしょうか。彼ら彼女らは子供をつくらない。つまり「生産性」がないのです。そこに税金を投入することが果たしていいのかどうか。にもかかわらず、行政がＬＧＢＴに関する条例や要綱を発表するたびにもてはやすマスコミがいるから、政治家が人気取り政策になると勘違いしてしまうのです。〉

「生産性」という尺度で一刀両断にしたこの文章は、激しい批判を呼んだ。きっかけは尾辻かな子衆院議員のＸ（旧ツイッター）への投稿だった。

「杉田水脈自民党衆議院議員の雑誌『新潮45』への記事。ＬＧＢＴのカップルは生産性がないので税金を投入することの是非があると。ＬＧＢＴも納税者であることは指摘しておきたい。当たり前のことだが、すべての人は生きていること、そのこと自体に価値がある」

『朝日新聞』『毎日新聞』などの大手紙は、この騒動を大きく報じ、杉田水脈氏に対する抗議デモが自民党本部前で行われた。

『新潮45』は、「そんなにおかしいか『杉田論文』」という特集を10月号で組んだ。「主要メディアは戦時下さながらに杉田攻撃一色に染まり、そこには冷静さのカケラもなかった」として、7人の識者による擁護記事を載せた。

ところが、これがさらなる炎上を生み、『新潮45』は休刊を余儀なくされた。

元ゲイ雑誌の編集長、冨田《とみた》格《いたる》氏は「曖昧な書き方をしているので、リベラルの活動家につけこまれる隙を与えた。でも、尾辻議員の切り取り方も酷すぎる。生産性といったって、たとえば『生産性なきLGBTは日本から出て行け！』なんてことを言ったら、そりゃ僕だって激怒しますよ。でも、そんなことは言っていない」とノンフィクションライターの福田ますみ氏の取材に答えている。

哲学者の神名龍子《じんなりゅうこ》氏も「杉田論文を差別とは感じませんでした。いくつか細かい間違いはありますが、全体として間違ったことはいっていない。むしろ、どこで取材したのか不思議に感じたほど、LGBT当事者の声を汲み取っています」と評価している。神名氏はトランスジェンダーである。

確かに「生産性」という尺度で、一刀両断にした議論は配慮を欠いたものだと言えるかもしれない。だが一方で、自民党本部の前に陣取って、「杉田は議員を辞めろ」

と叫ぶのも違うのではないか。これは表現の問題こそあれ、一方では政策の優先順位の問題を論じたものでもあって、そこに対して、杉田氏が誤っていると思うのであれば、「自分たちの前に出てきて討論せよ」と言うべきであって、一方的に「議員を辞めろ」というプラカードを掲げるのは、彼ら彼女らの目的は杉田氏から議員の身分を剥奪《はくだつ》することなのではないか、と勘繰ってしまう。杉田氏とて、自民党本部の前を陣取られて大声で叫ばれたら、針の筵《むしろ》だっただろう。

興味深いのは、「生産性」を言うのであれば、立憲民主党の菅直人・最高顧問が2007（平成19）年1月に名古屋市内で（菅氏は、当時は首相）「愛知や東京は経済が良い。だが、子供を産む生産性は最も低い」と話したではないか。これは、「女性は子供を産む道具としてとらえるものではないのか」と自民党の大村秀章衆院議員（現愛知県知事）に質問されているのだ。だが、この件は特段、問題にならずに終わった。「『新潮45』廃刊事件」が惹起したのは、筆者が杉田水脈氏だったという属人的な問題だったのだろうか。それとも時代の変化なのだろうか。

選挙で選ばれた国会議員すらも罷免する権限をお持ちか

下記の記事の引用に目を通していただきたい。２０２３（令和５）年9月23日付『朝日新聞』の社説である。

〈現職の国会議員が、公の機関から「人権侵犯」を認定されるとは、驚きあきれる。重く受け止めるなら、ただちに反省の弁を述べるのが当然なのに、それもしない。過去の謝罪が本心だったか疑わしく、もはや議員を続ける資格はないと言うほかない。

自民党の杉田水脈衆院議員の２０１６年のアイヌ民族に関するブログへの投稿が、人権侵犯にあたると、札幌法務局が認定し、人権を尊重するよう「啓発」を行ったことが明らかになった。

国連の会議に日本から参加した人たちを「チマチョゴリやアイヌの民族衣装のコスプレおばさんまで登場。完全に品格に問題があります」などと表現。当事者の女性が救済を申し立てていた。

杉田氏は、同性カップルを念頭に「『生産性』がない」と雑誌に寄稿したり、性暴力対策などを議論する党の会合で「女性はいくらでもウソをつける」と発言したり、人権感覚が疑われる言動を再三、繰り返してきた。

昨年夏、岸田内閣の総務政務官に起用されると、国会などで厳しい批判を浴び、ブログへの書き込みについては、総務相の指示を受け、謝罪、撤回した。ただ、「私のつたない表現で差別したかのように伝わってしまった」と、差別とは認めていなかった。

今回の法務局の事実認定と啓発をどう受け止めたのか、救済を申し立てていた人たちにどう向き合うのか。杉田氏の事務所は「ノーコメント」で、本人の口からは、いまだに何の説明もない。公職にある者としての最低限の務めを放棄している。

4年前にできたアイヌ施策推進法は、アイヌの人々が誇りを持って暮らせる社会の実現をうたい、差別を禁じている。国会議員が自らその理念を踏みにじることは許されない。在日コリアンの人たちへの差別意識も看過できない。
自民党の責任は極めて重い。人権意識に欠け、多様性の尊重という社会の流れにも逆行する信条の持ち主と知りながら、野党の落選議員だった杉田氏を引き入れ、衆院選の比例区名簿で優遇し、２度当選させた。ここに及んでなお誠実に対応しない杉田氏を守り続けるなら、人権侵害に加担していると見られても仕方あるまい。
インターネット上での誹謗（ひぼう）中傷が社会問題となるなか、政府が省庁を越えて対策に苦慮している。少数派を攻撃して平然としている与党議員を放置し続けるのか。いったんは杉田氏を政務官に起用した、岸田首相の人権感覚もまた問われている。〉
どうお思いだろうか。筆者の思いは「おまえが言うか」である。それは前述の『朝日新聞』の「従軍慰安婦報道」で、どれだけ日本の名誉が毀損され、海外で日本人が『朝日新聞』の偏向した記事のために肩身の狭い思いをしたか、『朝日新聞』にはその反省がないらしい。要は、『朝日新聞』は社説の体裁をとって、自民党執行部に対し、

「差別者の杉田を議員辞職させろ」と言っているわけだ。その証拠に社説の見出しは「杉田水脈氏　もう議員の資格はない」である。

いったい、『朝日新聞』とは何様なのか。選挙で選ばれた国会議員すらも『朝日新聞』様は罷免《ひめん》する権限をお持ちらしい。つまりは、「従軍慰安婦報道」から日本の名誉を挽回するために、『朝日新聞』の一連のキャンペーンの欺瞞《ぎまん》と、それに基づく国際社会の誤認を国連で訴え続けている杉田氏が目障りなのだ。自分たちの古傷を抉《えぐ》られ、「こいつ、しつこいな。何とかしろよ」と呻《うめ》き、論説委員に命じている朝日新聞社幹部の姿が目に浮かぶ。

辻元清美氏と杉田水脈氏の扱いの差

何と『朝日新聞』は同じ年の2023（令和5）年11月22日にも社説で「自民と杉田氏　差別扇動者と決別せよ」という、これまた杉田氏を追い出すよう圧力を加えるような社説を掲載している。前の社説から、わずか2カ月後である。これが、いかに議員で公人といえども、一個人に対して、たった2カ月間で2度の社説である。

法務局の「啓発」処分が、7種類の法務局の処分の中で最も軽いものであることは前述した通りだ。公人である辻元清美・立憲民主党代表代行は2003（平成15）年7月、東京地検特捜部や警視庁捜査2課に秘書給与1870万円を騙し取った詐欺容疑で逮捕された。むろん、有罪判決が確定した。その辻元氏が執行猶予期間を終えたとはいえ、立憲民主党の代表代行に就いていることについては、何とも思わないのだろうか。

それどころか、辻元氏が2021（令和3）年10月、衆院大阪10区で落選、復活も果たせなかった際、その辻元氏を『朝日新聞』は同じ年の12月、「等身大の『辻元清美』探す旅へ　落選に自責…肩の荷を下ろせたメール」と題した記事を掲載。思い入れたっぷりに辻元氏の回想を語らせている。それだけ立憲民主党の論客の議席を失ったことが、『朝日』にはショックだったのだろう。この杉田氏との差は何なのだろうか。

それに『朝日新聞』は杉田氏を「差別扇動者」とレッテルを貼って糾弾するが、『朝日新聞』に他者の差別意識をあれこれと糾弾する資格などあるのだろうか。

２０１２（平成24）年10月26日号の『週刊朝日』である。「ハシシタ　奴の本性」というとんでもない見出しで、橋下徹・大阪市長（当時）の出自を暴露したことがある。橋下氏は即座に反発し、『週刊朝日』の記事を「遺伝子で人格が決まるとする内容」であるとし、「政策論争はせずに、僕のルーツを暴き出すことが目的とはっきり言明している。血脈主義ないしは身分制に通じる本当に極めて恐ろしい考え方だ」と批判した。このときの『週刊朝日』の記事はよく覚えているが、表紙に大きな文字が躍《おど》るもので、「さすがに、これはあり得ないだろう」と驚愕したのを今でも覚えている。

これを朝日新聞社は当初、「『週刊朝日』とは無関係だ」と逃げようとしたが、橋下氏に「（『週刊朝日』の発行元の）朝日新聞出版は朝日新聞社の１００％子会社だ」と反論され、抗議が殺到したこともあり、お詫びを次号で掲載し、翌11月、朝日新聞出版の神徳英雄社長の引責辞任に至った。

『新潮45』は杉田氏の論文掲載からほどなくして休刊に至ったが、『週刊朝日』はその後も出版を続けた（２０２３年5月に、この件とは無関係な事情で休刊した。事実上の廃刊と思われる）。最盛期の１９５８（昭和33）年には約１５４万部もの発行部数を誇った『週刊朝日』は、休刊直前は約7万４０００部にまで落ち込んでいたという。

第3章
「クルド人問題」無視は「報道しない自由」か

「シェンゲン協定」の間隙をついた相次ぐテロ事件

難民・移民の問題がクローズアップされたのは、2015年だった。この年は、難民の置かれた惨状に世界中の人々が同情し、またそれに紛れたテロリストに世界中の人々が戦慄したと言っても過言ではない。難民・移民の問題は、常に「多人種共存・寛容な社会」という光の側面と、「伝統の崩壊・旧来の住民との軋轢《あつれき》、そしてテロを含む悪意の存在」という影の側面がある。メディアは光の側面のみを強調し、あえて人々に影を、しかも当事者にとっては看過できない影を覆い隠してはいないだろうか。

2015年9月2日、いたいけな幼児の遺体が海岸に打ち上げられた。アラン・クルディくん。まだ3歳だった。シリア北部のコバニの生まれ。クルド人だった。父は首都のダマスカスで理容師をしていた。ところが、イスラム教過激派組織「イスラム国」(IS)による侵攻が始まり、内戦状態に。父はコバニに戻り、さらに隣国トルコのボドルムに移った。ここからギリシャのコス島まで4キロだ。ここは密航ルートとして知られ、一家は2日未明に2隻の船で出港したが、高波で船が転覆。クルディくんを含む兄弟と母は水死してしまった。

アランくんのうつ伏せになった遺体は、全世界を駆け回った。欧州のシリア難民に対する「冷淡さ」が批判され、イギリスのテレビ局BBCが慣例を破って、アランくんの遺体を報じると、「移民を減らす」と公言していた保守党出身の首相、デービッド・キャメロンがテレビカメラの前で「1人の父親として心を動かされた。アランくんの悲劇を我が事のように感じている」という趣旨のことを話したのを今でも覚えている。

ギリシャとイタリアに集中していた12万人の難民申請者は、EU加盟国に移転することが決まった。地中海はすでに2014年だけでも3000人もの密航者の命を飲み込んでいる。人道的な観点からこうした難民たちを救うべきだ、という世論が高まった。

ところが、アラン・クルディくんの悲劇が起きたその年の11月13日、フランス・パリで同時多発テロ事件が発生した。バタクラン劇場で、ヘヴィメタルバンドのコンサートを見に来ていた観衆にテロリストが銃を乱射し、89人が死亡するなど、パリで130人が死亡する前代未聞の大惨事となった。

主犯格のアブデルアミド・アバウドは、モロッコ人を両親にベルギーで生まれた移民2世。「イスラム国」（IS）のベルギー支部を率いていたと見られている。実行犯の多くはフランスやベルギーの国籍を持っていた。ただ、実行犯のうち2人は、ギリシャで登録された移民が含まれていたことが分かった。

2015年1月には、新聞社「シャルリーエブド」を武装グループが襲撃、編集長以下12人を殺害する事件が起きた。テロ組織「アラビア半島のアルカイダ」が犯行声明を出した。犯人は2人がアルジェリアからの移民、1人はマリからの移民で、いずれもフランス国籍者だった。

欧州連合（EU、以降EUと記す）では、国境管理を撤廃し、域内に入ってしまえば、出入国審査なしに域内の国々を自由に行き来できる。1999年にオランダで締結された「シェンゲン協定」はこれらの相次ぐテロリストに悪用されているのではないか、という声が高まり、岐路に立たされた。パリの事件以降、入国検査は強化され、国境でフェンスを設置する国も出てきている。ＥＵの多文化共生の証とも言えた「シェンゲン協定」の間隙《かんげき》をついたような相次ぐテロ事件は、欧州の先進的な思考を自認する人々に大きな衝撃を与えたと見られる。

「病院前１００人乱闘事件」の特異さ

日本は、どうだろうか。例えば１９９０年代は、法務省は多い時でも年間16人、少ない時では１人しか難民認定をしていない。この是非については、後ほど触れる。

埼玉県川口市で、クルド人と地元住民の軋轢が問題になっている。彼らと地元住民との生活習慣を巡るトラブルは地元では知られていたが、全国的に知らしめたのは、２０２３（令和５）年７月に発生した「病院前１００人乱闘事件」ではないだろうか。

この事件は7月4日午後8時半ごろ、埼玉県川口市安行原の路上で、トルコ国籍のクルド人男性（26）が同じクルド人の男たちに襲われ、刃物のようなもので、首や頭、顔などを切り付けられ、重傷を負ったものだ。被害者は知人と車で川口市内を走行中、複数の車に追いかけられ、現場の路上までカーチェイスのような状態になっていたらしい。現場で停車し、車から降りたところを刃物で襲われたと見られる。

この事件が特異なのは、被害者の男性が救急車で搬送された川口市西新井宿にある「川口市立医療センター」に加害者の関係者と被害者の関係者、双方計100人ほどが集まって乱闘騒ぎになったことだ。午後9時ごろから集まり始めたクルド人は翌日未明の午前1時まで、病院の周辺に陣取ったという。この騒ぎで埼玉県警機動隊が出動する騒ぎとなり、『産経新聞』によると、救急の受け入れが約5時間半できなかった。

騒ぎの発端は26歳男性の女性を巡る騒動だったようだ。彼らは「単なる痴話喧嘩の延長だ」と言うが、救急外来の扉を開けようとしたり、大声を出して騒いだというから、穏やかではない。

川口市立医療センターは、埼玉県南部の川口、戸田、蕨の３市で唯一、命に関わる重症患者を受け入れる３次救急指定病院だった。この事件で埼玉県警はトルコ国籍のクルド人の容疑者ら７人を殺人未遂容疑などで逮捕したが、うち２人は処分保留で釈放。３人が凶器準備集合容疑で再逮捕されたが、最終的には７人全員が不起訴となった。

殺人未遂の容疑がかけられた事件で、関係者全員が不起訴というのも極めて異例だが、当のさいたま地検は一切、不起訴とした理由をメディアに説明しなかった。

しかもこのうちの25歳の男は、不起訴後にいったんトルコに強制送還されたにもかかわらず、２０２４（令和６）年5月に日本に再入国。川口市内に滞在していたことも分かった（『産経新聞』２０２４年6月19日）。男は2度目の入国の際、羽田空港の東京出入国在留管理局（東京入管）に上陸拒否された際、床に寝そべって「帰りたくない」「救急車を呼べ」と暴れたため、空港内の入管施設に収容。ところが、そこでハンストを試み、食事を摂ることを拒絶したため、入管は施設への収容を一時的に解く「仮放免」の処分を決定し、川口市で生活を始めていた。

男は「殺人未遂事件を起こした際に負傷した右腕の治療と、リハビリを日本で行いたい」と入管に話していたが、入管が川口市内の病院に問い合わせたところ、「治療は不要」との返答があり、再び強制送還することになった。

男は仮放免者に義務付けられたとおり、東京入管に出頭した際、その場で強制送還を告げられ、そのままイスタンブール行きのトルコ航空の飛行機に乗せられ、帰国した。

ところが、その日の夜、今度は男を強制送還したことに約20人のクルド人が東京入管に押しかけ、抗議。警察官が駆け付ける騒ぎとなった。

帰国費用数百万円は国費で賄われた、と『産経新聞』は報じているが、それでも日本に滞在している男の家族は「すぐに再来日させる」「マスコミや弁護士を連れてくる」と意気軒高だったというから、まるで治外法権だ。

戦前から多くの外国人が住む街だった川口市

埼玉県川口市に、なぜクルド人が集住するようになったのか。川口市は古くから鋳《い》物《もの》で栄えた工業の街だった。人口は約60万人。埼玉県内第二の人口を誇る。東京都足立区などに隣接しており、東京駅まで15キロほどしか離れていない。電車を利用すれば、30分ほどで着く。

川口市は戦前から外国人が多く住む街だった。鋳物で栄えた川口だが、その工場の工員には朝鮮半島から渡ってきた労働者が多かった。鋳物工場の数は1947（昭和22）年に700を超え、全国の鋳物生産額の3分の1が川口だったという。

1962（昭和37）年に吉永小百合主演で映画化された「キューポラのある街」（浦山桐郎監督）は、川口が舞台で、「キューポラ」とは鋳物工場で使う銑鉄を溶かすのに用いる溶鉱炉のことだ。この映画にも北朝鮮への帰還事業に応じ、北朝鮮に渡る親友の姿が描かれている。

この帰還事業を肯定的に描き、「北朝鮮は地上の楽園」という北のプロパガンダを、この名作と言われる映画が後押ししたのは皮肉だ。約9万3000人が海を渡り、北朝鮮を豊饒《ほうじょう》な地だと疑わずに日本を離れ、多くが彼の地で亡くなったり、行方が分からなくなった。拉致被害者家族会は、「ある意味、帰還事業と拉致は切り離せない」と特定失踪者問題調査会のホームページ（HP）に記している。在日朝鮮人が多い土地柄だったからこそ、帰国した家族を人質にして、日本に残った在日朝鮮人を「土台人」として工作活動に利用することができた背景であるとも言える。川口市は、田口八重子さんや藤田進さんら多くの拉致被害者が住んでいた街でもある。

JR西川口駅周辺を歩くと、中華料理店が多いのに気づく。コロナ禍を機に、ベトナム、新疆ウイグル自治区、タイ、フィリピンの飲食店も続々と進出し、エスニック漂う街並みになっている。筆者が新聞記者をしていたころは、風俗街がJR西川口駅周辺のランドマークだった。オートレース場や戸田競艇場を訪れる客を目当てに

1980年代から性風俗店が増加し、「NK(西川口)流」と呼ばれる過激なサービスを行う違法風俗店が乱立し、地元住民から環境の悪化を訴える声が高まり、埼玉県警は2006(平成18)年に違法風俗店の一斉摘発を行い、これらの風俗店は壊滅状態になった。

ところが、性風俗店が入居していたビルオーナーが新たなテナントを求めようにも、一度根付いた「性風俗の街」という淫靡《いんび》なイメージは敬遠され、空きビルはゴーストタウンと化した。

その空きビルに入居し始めたのが、中国人だった。「中国人の、中国人による、中国人のための中華料理店」が林立するようになった。こうした中国人の集住化は、横浜中華街などとも成り立ちが異なる。1980年にはわずか78人だった川口市内の中国人の人口は、2024(令和6)年で約2万4000人にまで膨れ上がっている。西川口駅周辺には中国人が経営する不動産会社もあり、川口に集まってくる中国人の道標となっている感すらある。

日本で最初に「クルド人問題」を取り上げた石井孝明氏

そんななか、川口芝園団地は住民4500人のうち、半数以上は外国人だ。また、その大半は中国人だ。団地の子供たちが通う川口市立芝富士小学校の児童の4割は、中国人なのだそうだ。一時はゴミや騒音で、苦情が市役所に寄せられることも多かったという。奥ノ木信夫市長は、人民日報の取材を受けた際、「多文化共生の街づくりを進めている」とした一方で「最初は町会や自治会に加入してくれないのが悩みでした」と吐露《とろ》している。だが、自治会の努力で町会への加入率や祭りへの参加も増えているようで、奥ノ木市長の「中国愛」が結実したのだろうか。

だが、その「多文化共生」を掲げる奥ノ木市長も「国に対して不満がいっぱい」とブチ切れたことがあった。それが、クルド人と地域社会の住民との軋轢だったのだ。

2023年9月、奥ノ木市長は市内に約900人いるといわれるクルド人の仮放免者について、以下のような要望書を国に提出した。
①不法行為を行う外国人においては、法に基づき厳格に対処（強制送還等）していただきたい。
②仮放免者が市中において最低限の生活維持ができるよう（中略）就労を可能とする制度を構築していただきたい。
③生活維持が困難な仮放免者（中略）について、「入国管理」制度の一環として、健康保険その他の行政サービスについて、国からの援助措置を含め、国の責任において適否を判断していただきたい。
川口市は、外国にルーツを持つ子供たちのための日本語教室を開いており、クルド人が約20人通っているという。

元時事通信経済部記者である石井孝明氏は、おそらく日本で最初に川口市民が直面しているこの問題を取り上げたジャーナリストだ。

石井氏は２０２３（令和５）年ごろからクルド人の一部に深夜、コンビニなどにたむろして、酒を飲んで大騒ぎをするため、困惑している地元の日本人がいること、「クルドカー」と地元で呼ばれている、木材を大量に積んだトラックが住宅街を走っている現状などを取り上げた。

外国人コミュニティーが形成されてくると、犯罪が目立つようになり、生活習慣の違いから、旧来の住民とトラブルになることがままある。先に記した川口芝園団地に住む中国人のケースも、当初はゴミ出しなどを巡ってトラブルがあったようだが、今では収まった感があり、コミュニティーが共生されているようだ。

クルド人が川口に集住したのは、1990年代初頭に日本に居住し、造園業の下請けをしていたイラン人の中に混じっていたイラン国籍のクルド人が川口市に住み始めたのがきっかけだという（2024年5月2日、『産経新聞ニュース』より）。今では、日本に在留するクルド人は約2000人といわれている。

石井氏も著書や自身のホームページ（HP）などで取り上げていたが、クルド人の多くは、トルコの山岳地帯に住んでおり、貧しく、学校に満足に行けていない人も多い。イスラム教徒の彼らが、日本にやってきて、世界一秩序正しいといわれる日本人コミュニティーと軋轢を生むことは容易に想像できる。

過去記事を悉く削除した『朝日新聞』『毎日新聞』

問題は、左派メディアだ。こうしたトラブルの数々は、地元の市議らがX（旧ツイッター）などで取り上げていたのだが、この問題を取り上げたメディアは皆無だった。『朝日新聞』や『毎日新聞』などの左派メディアは、川口在住のクルド住民を「トルコ政府の迫害を逃れてきた、日本政府に難民申請をしてもほとんど認められない気の毒な人々」という視点で報じてきた。

先日、これらの過去記事をGoogleで検索したところ、『朝日新聞』『毎日新聞』からは何と悉《ことごと》く削除されていた。

難民・移民の受け入れは、多文化共生という視点から見れば、理想的なことなのだろう。しかし、同時に文化の衝突が起こり、地元に住んでいた人たちが騒音、ゴミ、暴力事件などのトラブルが起きていることを苦にして、転居したりもしている。

先の殺人未遂事件のほかに、刑事事件も起きている。例えば2021年10月8日夜、川口市伊刈の県道を走行していたトラックが、川口市に住む職業不詳の男性（69）を撥《は》ねて逃走した。埼玉県警交通捜査課と川口署は13日までに、職業不詳のトルコ国籍の少年（19）を逮捕した。12日、少年は出国しようと東京入国管理局に出頭したが、入管から警察に通報され、逮捕となった次第だった。

2024年9月23日にも深夜、川口市前川の市道交差点で、乗用車が原付きバイクと衝突し、そのまま逃走。バイクに乗っていた建設作業員の男性（17）が死亡、同乗していた男子高校生(16)が意識不明の重体となった。警察は約1時間後に現場に戻ってきた車を運転していたトルコ国籍の解体業の少年（18）を、自動車運転死傷処罰法違反（無免許運転過失致死傷）と道路交通法違反（ひき逃げ）の容疑で逮捕した。

ここであえて「トルコ国籍」と書いたのは、警察がクルド人だと広報しなかったたからである。

性的暴行事件も起きている。2024年3月8日、川口署が不同意性交容疑で逮捕した事件だ。逮捕されたのは、自称解体工の20歳の男だ。逮捕容疑は、男が1月13日夜、川口市内のコンビニエンスストアの駐車場に止めた車内で、日本人の都内に住む10歳代の女子高校生に性的暴行をしたというものだ。

『産経新聞』は男の属性も書いており、先に来日していた父を頼ってトルコから来た事実上の「移民2世」だったという。「横浜へ行く」と言って、都内の女子高校生を連れ出したが、川口市内に直行。被害に遭《あ》った女子生徒だけが車内に残され、性的暴行をされたという。

クルド人の一部から怨嗟の的となっていた石井氏

『産経新聞』が2024年3月16日、興味深い記事を『産経新聞ニュース』で配信している。先に紹介した石井孝明氏がクルド人の男に脅迫されたという事件があった。『産経新聞』によれば、『朝日』、『毎日』、『東京』といった左派紙や、共同通信、地元紙の埼玉新聞の計5媒体のうち、どこも報じなかったという。これも、左派メディアお得意の「報道しない自由」なのか。

石井氏が一部のクルド人による「不都合な事実」を継続的に取り上げていたためか、石井氏はクルド人の一部から怨嗟《えんさ》の的となっていたようだ。

2023年9月29日、川口署に1人の30歳代の中東系の男がやってきた。男は「石井孝明がクルド人の悪口を言っている」「警察は発言をやめさせろ。さもなければ石井を殺す。2週間以内に死体を持ってくる」と興奮した様子で捲《まく》し立てたため、脅迫の容疑で現行犯逮捕した。男はクルド人の解体工だった。このときも逮捕を聞きつけた10人ほどのクルド人が警察署に集まってきたという。

この男は処分保留で釈放され、その後、不起訴となった。個人的な話をすれば、石井氏がこうしたクルド社会と地元川口市民との軋轢をリポートするまでは、まさか川口市がそんな不穏な状態になっているとは知らなかった。左派紙はクルド人を「トルコで政治的な迫害を受けた気の毒な人々」という視点でしか報じない。彼らの犯罪が報じられても、トルコ国籍としか書かれていないので、まさかクルド人だとは思わなかった。クルド人と言えば、１１６９年、アイユーブ朝を建て、イェルサレムを奪回し、その報を聞いてアラブに攻め込んだリチャード1世、フィリップ2世らが編成した第３回十字軍を１１８９年に撃退したサラーフ・アッディーン（サラディン）の勇名と慈悲のイメージが強かったので、日本人社会とそんなトラブルになっているとは、露《つゆ》ほども思わなかった。

だが、石井氏は２０２４年3月、クルド人らに５００万円の賠償を求めて提訴される。原告は、日本クルド文化協会代表理事のチカン・ワッカス氏ら10人あまり。

原告代理人の弁護士は、「問題行為を起こしたクルド人がいるのは事実だが、すべての在日クルド人が違法行為に及んでいるかのような投稿や、テロリストであるかのような投稿は、明らかに度を越している」と述べた。

クルド人の中の一部から石井氏が怨嗟の的になっているのは、おそらく石井氏が日本クルド文化協会事務局のワッカス・チョーラク氏の非合法武装組織「クルド労働者党（ＰＫＫ）」への関与をＸ（旧ツイッター）に投稿したことが、日本クルド文化協会を刺激したのではないかと思う。訴状の中で、ワッカス氏ら原告は、石井氏が２０２３年5月以降、実名でワッカス氏らが「ＰＫＫ（凶悪なテロ組織関係者）として資産凍結を受けている」と書いたり、クルド人の子供らの写真とともに「無教育状態」「半グレ状態」と書いたことを理由に挙げている。

この訴訟は、左派紙でも大きく取り上げられた。『朝日新聞』は〈「在日クルド人に対する投稿『特定の民族への差別』フリー記者を提訴」〉との見出しで、『東京新聞』も〈「差別的な投稿で名誉を傷つけられた……川口のクルド人たちが石井孝明氏に慰謝料など５００万円を求めて提訴」〉といった具合だ。

確かに石井氏の言動は、時として過激だ。そのＸの投稿がきっかけで、訴訟沙汰になったこともある。石井氏とは個人的にお付き合いはあるが、筆者がまだ『産経新聞』

記者の司法担当だったら、背景も含めて訴訟を社会問題として取り上げたと思う。

他方、『朝日新聞』や『東京新聞』は、クルド人が「気の毒な、トルコで迫害されている難民」と長らく報じてきたが、クルド人の迷惑行為を一度たりともレポートしたことがあるだろうか。「クルド人がヘイトを受けている」と報じることを否定はしないが、そうであれば、川口市民の声も取り上げないと、公平ではないのではないか。

「今は日本人の理解が足りない」

ちなみに『産経新聞』は２０２３年12月、「日本クルド文化協会」と同協会の代表者らについて、トルコ政府が「テロ支援者」と認定し、トルコ国内の資産凍結を決定したことが分かった、と特報で掲載している。ＰＫＫへの資金提供が理由だとしている。

この記事には、日本クルド文化協会の事務所の壁に飾られた旗に、ＰＫＫの創設者、アブドゥラ・オジャラン氏と見られる顔があしらわれていた、との指摘もあった旨も報じられている。

これに対し、ワッカス・チョーラク氏は「冤罪《えんざい》であり、恣意的な資産凍結だ」と反論している。

ＰＫＫを巡っては、政府もおかしな動きをしている。２０２３年12月、公安調査庁が世界のテロ組織の情勢をまとめた年報「国際テロリズム要覧」の最新版からＰＫＫが削除されたのだ。トルコ紙は「日本のスキャンダラスな決定」「ＰＫＫをテロ組織のリストから削除した」（『ハベルバクティ』紙）「日本は驚くべき決断をした」（『トゥルキエ』紙）などと一斉に報じた。

『産経新聞』は前述の記事を逐一報じるとともに、２０２４年8月18日にも〈川口クルド人１００人超、資材置き場で大音量騒ぎ警察出動「日本人の理解足りない」〉という見出しで、地元住民との軋轢を報じている。

この記事によると、解体工事の資材置き場を巡り、過去2年で70件を超す苦情が川口市にあったことや、２０２４年4月末、川口市内の資材置き場にクルド人１００人以上が集まり、20台以上の車が路上駐車。１キロ先まで聞こえるような大音量で、中東系の音楽を流すなどの迷惑行為が続き、警察が帰った後も夕方まで音楽は鳴っていたという。

警察のほかに地元の市議らも駆けつけたが、クルド人男性らは「日本でいう盆踊りのようなものだ」と話し、「買い物やトイレに行くために車が必要だから、どかせない。邪魔じゃないから良いだろう」と主張した。「今は日本人の理解が足りないけれども、10年後には我々を理解する日が来る」と駆け付けた川口市議に言い放ったと『産経新聞』は伝えている。

反対に、在日クルド人に対するヘイトスピーチも目立つようになっている。例えば、川口や蕨市内の駅やその周辺を川口とは縁もゆかりもない人たちが隊列を組んで、「クルド人は出て行け」と叫ぶ姿が見られるようになった。断っておくが、こういう排外主義には毫《ごう》も賛成しない。問題を却ってややこしくするだけで、解決には全く役に立たない行為だし、実際にヘイトスピーチだ。

だが、『朝日』『毎日』『東京』など左派紙のように、川口で現在起きている事象に目をつぶって、彼らを「トルコ政府に弾圧されているかわいそうな難民だが、日本政府は無慈悲にも難民認定をしない」と一面的、ステレオタイプに報じることが、真っ当な報道なのだろうか。これも広義の「デマ」ではないか。

2100年には人口の半分を外国人が占める？

移民問題は、ある意味、文明と文明の衝突だから、人道論、博愛の精神だけではどうにもならないことも事実だ。ドイツやオーストリアは、欧州でも移民の大量流入に直面した国だ。例えばオーストリアの2015年の難民認定率は71％に及んでいる。

2015年8月にハンガリーを越えてオーストリアに入ってきたトラックから脱水症状に陥った移民の多数の遺体が発見されたり、先に記したアランくんの溺死事件など悲劇的な事件が相次ぐと、国民世論に押される形で、国境を開放した。ハンガリーからオーストリアを経由してドイツのミュンヘンに到着した移民らは、歓喜の声で地元民に迎えられた。

そのオーストリアは２０１６年には難民認定の受付をセーブし始め、今やスロヴェニアとの国境にフェンスを築いている。フランス国民戦線のマリーヌ・ルペン党首は３７５年に始まったと言われるゲルマン大移動になぞらえ、「フランス国民の行動が皆無なら、私たちが被っている人口移動の侵略は、４世紀のそれに何ら劣らず、同じ結果をもたらすだろう」と２０１５年９月に仏紙上で述べている。

ピュー・リサーチ・センターは２０５０年にはイスラム教徒の人口はキリスト教徒の人口に迫り、欧州でのイスラム教徒の人口率は移民を受け入れた場合は10・２％に達すると予測している。イスラム教徒は多産だ。『産経新聞』は、「埼玉県川口市内のクルド人の子供（小中学生）が約４００人にのぼるとみられる」と報じた。クルド人は家族帯同で来日することが多いため、子供率は20％にのぼり、第2位の中国人（8・8％）と比べても他の外国籍の人々と比べても突出して高い（日本人は7・1％）。

川口市議が聞いた、彼らの「日本人はクルド人への理解が足りないが、10年後には我々を理解する時が来る」というのは、人口比で無視できないほど、クルド人コミュニティーが拡大していくことを自覚しての言葉かもしれない。

自民党の外国人材交流推進議員連盟は２００８年、「２０５０年には９５００万人程度に減っているであろう日本の少子高齢化対策として、１０００万人程度を移民で補うべきだ」と主張したことがあった。そんなことをしたら、おそらく２１００年には人口の半分は外国人が占めているだろう。トラブル、軋轢の類は、今は川口市でとどまっている問題が日本全国に広がることになるだろう。最近では、自民党はこの類の提言こそしていないが、その当時の会長は現東京都知事の小池百合子氏、顧問が石破茂首相だったことを指摘しておいても良いだろう。

◇

【追記】『産経新聞』が２０２４（令和６）年11月25日、「川口クルド人『出稼ぎ』と断定　入管が20年前現地調査　日弁連問題視で『封印』」との見出しで独自スクープを発信した。

〈埼玉県川口市に集住するトルコの少数民族クルド人を巡り、法務省入国管理局（現・出入国管理庁）が20年前の平成16年、難民認定申請者の多いトルコ南部の複数の村を現地調査し「出稼ぎ」と断定する報告書をまとめていたことが24日わかった。しかし日本弁護士連合会が「人権侵害」と問題視したことから、調査結果は表に出なくなった。これらの村などがある3県の出身者は現在も同国の難民申請者の8割を占めることも判明、報告書からは、クルド人の難民該当性について、すでに一定の結論が出ていたことがうかがわれる。

この文書は「トルコ出張調査報告書」。当時、クルド人らが難民認定を求めて各地で裁判を起こしており、同省が訴訟対応として16年6～7月、これらの村へ入管職員を派遣し、生活実態などを調査した。報告書は「わが国で難民申請した者の出身地が特定の村に集中している」「いずれも出稼ぎ村であることが判明。村民から日本語で『また働きたい。どうすればよいか』と相談あり。出稼ぎにより、近隣にくらべて高級な

住宅に居住する者あり」などと記されていたという。〉（後略）

同記事により、クルド人は難民でないことが判明した。20年前に分かっていたにもかかわらず、日本弁護士連合会（日弁連）の圧力により封印されていた。判明していた事実を闇に葬るという意味で、これは日弁連による「デマ」と言えるだろう。

《本章における参考文献》

墓田桂著『難民問題―イスラム圏の動揺、ＥＵの苦悩』（中公新書）

第4章

偏向報道が続く沖縄の言論空間

悲劇的な事故を沖縄防衛局に責任転嫁

２０２４（令和６）年６月28日、沖縄県の名護市辺野古への基地移設運動に伴って、悲劇的な交通死傷事故が発生した。

『朝日新聞』の報道を、以下に引用する。

〈28日午前10時15分ごろ、沖縄県名護市安和の国道４４９号で、男女２人が大型ダンプカーにひかれた。県警名護署によると、名護市為又（びいまた）の警備員、宇佐美芳和さん（47）が死亡、那覇市の女性（72）も足を骨折するなどの重傷を負った。

現場は、沖縄県西海岸にある民間の桟橋付近。米軍普天間飛行場（宜野湾市）の名護市辺野古への移設工事に使う土砂の搬出が行われており、国道に面した桟橋の出入り口付近で抗議活動が行われていた。署によると、ダンプが出入り口から国道へ出ようと左折した際、近くにいた２人が巻き込まれたとみられる。

目撃者の女性（82）によると、自身が出入り口近くをゆっくり歩く「牛歩」で抗議活動をしようとしたところ、警備にあたっていた宇佐美さんが止めようとし、それを見た女性が抗議。そのとき、出入り口付近で停止していたダンプが発進。２人と衝突したという。

移設計画をめぐっては、名護市辺野古の米軍キャンプ・シュワブ前で抗議の座り込みが続くほか、２０１８年から土砂の搬出が始まった同市安和でも抗議活動が行われている。（棚橋咲月、平川仁）〉

『朝日』らしい奥歯に物の挟《はさ》まったような記事だが、ここから分かることは、現場の名護市安和では、市民団体による反対運動が行われており、警備員の宇佐美さんが飛び出してきた反対派の72歳の女性を止めようとし、２人とも発進したダンプカーに衝突して死傷したように読める。

普天間基地から名護市辺野古への移設計画を巡っては、辺野古における米軍のキャンプ・シュワブ前での座り込みが有名だが、２０１８（平成30）年から土砂の搬出作業が始まった名護市安和や本部町塩川の土砂搬出港付近では、市民団体が牛歩戦術などで土砂の搬出を遅らせようとする抗議行動が続いていた。

この事故は、当初からネットなどで警備員の宇佐美さんが制止したにもかかわらず、牛歩をやめなかった女性と、その脇をすり抜けようとした女性の行為に批判の声が集まっていた。現場は、以前から危険だと地元住民も指摘していた。

沖縄県議会で明らかになったことだが、事業者側は沖縄県に対し、「抗議者が事故に巻き込まれないようにガードレールを設置してほしい」と再三、要請したにもかかわらず、玉城デニー知事以下、沖縄県当局は「歩行者の横断を制限することになる」として、事実上、黙殺していた。

沖縄県は2023（令和5）年2月、隣接する本部町塩川地区に「『大型車両の往来を妨害する行為』などについて、沖縄県港湾管理条例で定める禁止行為に該当する旨を明記した看板2枚を設置。禁止行為を行った場合は、「条例に基づき過料処分を科すことがある」とも警告していた。

県当局によると、その後、「市民」から「なぜ過料を科すのか」などと「厳しい意見」が寄せられたといい、沖縄県は現場を確認して「現場は危険ではない」と判断。２０２３（令和５）年5月2日に撤去した経緯があった。

この悲劇的な事故に際しても、なぜか市民団体の側からは、運動方法による責任を認める声は出ず、ほとんどが沖縄防衛局に責任を転嫁《てんか》するものだった。

事故現場には活動家が集まり、抗議活動を再開

沖縄防衛局は事故直後から土砂の運搬作業を中止した。8月22日、搬出作業は再開されたが、安和の現場にはまたしても活動家数十人が集まり、バリケードをつくって抗議活動を行った。

このときの様子を、フジテレビ系列の沖縄テレビは以下のように報じている。

〈普天間基地の辺野古移設を巡り沖縄防衛局は警備員が死亡した事故を受け中止して

いた名護市安和での土砂の運搬作業を22日、再開しました。

土砂の運搬作業は辺野古の埋め立て工事に伴うもので今年6月、工事に抗議する女性と男性警備員の2人がダンプカーにひかれ警備員が死亡、女性が重傷を負いました。沖縄防衛局は事故の直後運搬作業を中止していましたが、今朝、作業を再開しました。

▽喜屋武奈鶴記者：

「現場ではダンプの通行を知らせる赤いランプとスピーカーが設置されています。また警備員がネットを持って一列に並び抗議する人の動きを制限しています」

警備員がネットを広げてバリケードを作ったほか数十人の機動隊が抗議する市民を排除するなど現場は騒然となりました。〉

このときの抗議の模様が映像に残っている。革マル派の強い影響力の下にある大学自治会の赤い旗も見えた。

そして、沖縄テレビのニュースは、土砂搬出を再開させた沖縄防衛局に怒りの声をあげる「市民」の姿を映し出している。

〈市民は：「やっぱり異常ですよね。誰だって、そう思いますよ。公共工事ですよ」「日本政府、最低です。こんな状態で国民を騙せると思ったら大間違い。自分達は死ぬまで戦います」

事故は警察の捜査が続いていて、県は安全対策が講じられるまで作業を再開しないよう求めていましたが、防衛局は応じることなく作業再開に踏み切りました。

玉城知事は工事が再開されたことについて「一方的な通知で土砂の搬出が再開されたことはあり得ない。対策について県と協議すべきだ」と沖縄防衛局の対応を批判しました。〉

どうだろうか。「市民は」の部分は、放映されたテレビのテロップでは「抗議する市民は」となっていた。つまり沖縄テレビの記者は、ここが危険であることを知悉《ちしつ》しているる地元住民の声は聞かず、革マル派系の市民団体が混じっている「市民」の声を一方的に報じているのである。

ちなみに沖縄テレビは、フジサンケイグループの沖縄県の地元局だ。言うまでもなくフジサンケイグループは、日本の大手メディアでは最も保守的と言われている。その沖縄のテレビ局が、このありさまなのである。

しかも玉城デニー知事は、活動家の危険な行動を諌《いさ》めることもなく、一方的に沖縄防衛局が悪い、と断じたコメントを出している。このような偏向した報道が連日連夜続いているのが、沖縄の言論空間の日常なのだ。

亡くなった警備員の遺族から話を聞かない沖縄メディア

また事故から約3カ月後の『沖縄タイムス』は、「『警備員による危険な誘導が増えた』死傷事故前にダンプ運転手から懸念の声　辺野古向け土砂の搬入を増やす国の意向が背景に　名護市の安和桟橋」（2024年9月19日）との見出しで、警備員の誘導に問題があったかのような記事を掲載し、同じ日に「危険な誘導に怒る運転手　『事故の責任は現場の警備に』」、さらに翌20日には「『ゲーム感覚のよう』ダンプ２台出しは危険だが…『何回もできた』と得意げな人も　元警備員が誘導の実態を証言　安和桟橋からの土砂搬入」との見出しで、ダンプを２台、一度に出そうとした警備員の側に責任があるとする記事を掲載している。

その一部の記事を引用しよう。

〈沖縄県名護市の安和桟橋で辺野古の新基地建設に抗議中の市民と警備員がダンプカーに巻き込まれた６月の死傷事故で、別の運転手が４月中旬ごろ、土砂の搬入を管理する事業者側に「警備員による危険なダンプの誘導が増え、事故が起きかねない」と懸念の声を上げていたことが18日までに分かった。「搬入量を上げたい防衛局の意向」として誘導方法は改善されず、一方で事故が起きれば運転手の責任になるとして、誘導に従うかは自主的に判断するよう周知されていた。（北部報道部・松田駿太、比嘉海人）〉

記事では、安和桟橋では、市民の抗議活動（牛歩戦術）とダンプの出入りが交互に行われていた。が、工事の遅れが顕著になり、2台連続で誘導する方法が増えていき、事故直前には頻発《ひんぱつ》していたのだと説明する。

栈橋の出口では、牛歩戦術をする市民の隙《すき》を見て、ダンプを発車させるなどの事例が頻発し、2024（令和6）年4月、運転手向けの講習会の際、運転手の1人が危険性を指摘し、警備を担当しているアルソック（綜合警備保障）の誘導は、効率良く土砂を搬入してほしいという沖縄防衛局の意向だと伝えられたという。

記事では、

〈運転手の一人は「現場では警備員が誘導の棒を何回も振って『なぜ行かないのか』と威圧的な態度をとることも多く、そういう強引な誘導が6月の事故につながったと思う」と話した。〉

と続けている。どうだろうか。これではまるで、亡くなった宇佐美さんやその同僚の誘導に原因があるかのような書き方ではないか。

『沖縄タイムス』の記事には、右折するダンプの写真とともに「警備員に誘導され青信号の直進車両を遮るように安和桟橋を右折するダンプカー」というキャプションがつけられている。

不思議で仕方がないのは、この事故を巡って、地元メディアが亡くなった宇佐美さんの遺族から話を聞いた形跡がないことだ。事件や事故の取材で、当事者から話を聞くことは鉄則だ。「被害者取材」は、たいていは新人記者に役目が回ってくるので、つらい思いをしたが、遺族の声が現状を変えるのに大きな役割を果たすことも多い。

宇都宮支局在任中に、軽乗用車を運転していて、酒酔い運転のトラックに突っ込まれて、まだ20歳の若い命を失った会社員の遺族の不条理に怒る声を掲載したことがある。この事故は栃木県警の捜査も杜撰《ずさん》だったことが次々に明らかになり、県警交通部長が公式に遺族宅を謝罪に訪れる結果となった。この事故で、地元の住民でもある宇佐美さんの遺族が新聞やテレビから話を聞かれた形跡もない。

この安和桟橋の事故は、防犯カメラに一部始終が撮影されていた。２０２４（令和６）年10月４日、沖縄県議会で島袋大県議（自民党県連会長）が明らかにしたところによると、沖縄防衛局はこの映像を持参し、沖縄県の前川智宏・土木建築部長に見せたという。

前川は「沖縄防衛局が、（事故後）安和桟橋における土砂運搬作業を再開する際に、沖縄防衛局が説明に来られた時に、防犯カメラの映像について提示を受け、視聴したものでございます」と答えている。

島袋氏は「ご覧になって、どうでしたか？　女性が飛び出したんですか？　トラックが突っ込んでいったんですか？」と追及したが、前川部長は「捜査中の案件ということもありまして、映像の詳細についての言及は避けたいと思います」と、かわした。

この映像を玉城デニー知事や副知事に視聴するよう求めたが、知事以下県幹部は「逃げ回っていた」（島袋県議）のだという。

しかも、事故現場の地元、名護市の安和地区などから事故後、安全対策の要請を受けていたが、事故から3カ月が経っても「沖縄防衛局と話し合いを行っている」と県当局は言うばかりで、ガードレールひとつ設置されていない。しかも事業者側が事故があった安和桟橋の出口に「ガードレールを、こちら側で負担して設置したい」と申し入れたのに、県当局は「歩行者の自由な通行を阻害する」として断っている。しかも、こうした事実はほとんど報じられない。

県やメディアの行動や報道は「二次被害」としか言えない

県当局が「歩行者の自由な妨害を阻害する」と言っているのは、ガードレールが設置されると、基地移設反対派の活動家らが牛歩戦術をとれなくなってしまうからにほかならない。玉城デニー知事は、事故被害者の遺族よりも活動家の都合を優先したいらしい。死亡事故が起きたのに何ら対策が取られない。こんな不誠実な自治体があるだろうか。

しかも玉城デニー知事は、「ご遺族の悲しみにも思いをいたしながら、安全対策については沖縄北部土木事務所と沖縄防衛局とで実務的な話し合いが進められています。一方で、県警でも事故に関する詳細な捜査が続いております。我々はその推移を見守り、より良い安全対策がとれるように努めて参りたい」と、まるで他人事なのだ。

『琉球新報』は２０２４（令和６）年9月25日の朝刊で、この事故で重傷を負った活動家の女性をたたえるかのような記事を掲載している。筆者は、元『朝日新聞』記者で、新聞労連委員長も務めた後、『琉球新報』に転職した南彰《みなみあきら》記者だ。

「国策と闘う」と題した記事の中身は、以下の通りだ。

〈名護市の安和桟橋前で6月に起きた死傷事故で重傷を負った女性（72）に、辺野古新基地建設に抗議している市民などから寄せ書きや手紙が続々と届いている。「骨は折れても心は折れない」と言う女性の言葉に勇気づけられた市民の新基地建設阻止の誓いがつづられている。

女性は6月28日、抗議活動中に警備員の男性とともにダンプカーにひかれ、大けがをした。一時は大量の内出血で命の危険があったが、快方に向かい、入院先でリハビリに取り組んでいる。

寄せ書きの一つは、辺野古の米軍キャンプ・シュワブのゲート前テントで集められたものだ。

安和桟橋の抗議活動に参加してきた人も多い。「ひとごととは思っていない」「命をとりとめてホッとしている」「あなたの元気な歌声に現場で励まされてきた。またあの歌声を聞きたい。待ってます」といたわる声がつづられている。

女性が手術前に残した「骨は折れても心は折れない」の言葉に奮《ふる》い立つ市民が目立つ。

「あなたの言葉が報告された時、涙を止めることができなかった。大変な時にあなたが必死に私たちにかけたエールをしっかりと受け止めました。あなたと共に歩きます」「新基地断念まで小さな力を結集したい。再び戦場にさせない」

一度女性に見せた後、ゲート前で寄せ書きが続くノートには「フェニックス（不死鳥）さんへ」と書かれている。〉

この記事は、亡くなった宇佐美さんの遺族を大いに傷つけた。島袋県議が紹介した遺族の悲痛な声は以下の通りだ。

〈報道やＳＮＳでは、妨害者に非はなく、非があるのは強引な警備なのではないか、との誹謗中傷がほとんどであり、妨害活動が問題ないことにされ、家族の死がなかったことのように扱われることに対して、精神的につらく、心を痛めていたところ、最近では妨害者をほめたたえる声さえあり、さらに憤りを強く感じ、つらく許せない思いである。車いすでも抗議活動を再開するなどもあり、不死鳥（フェニックス）だの、褒めたたえているようであります。今までで一番憤りを感じる記事でした。本当に、本当に許せないですし、本当につらいです。〉

玉城知事は、何も感じないのだろうか。それとも、亡くなったのは警備員だから仕方がないとでも思っているのだろうか。宇佐美さんには、娘さんが残された。まだ高校生だ。活動家の女性を庇《かば》うような形で亡くなった警備員に対し、県やメディアの行動や報道は、「二次被害」としか言いようがない。これでは、リンチに等しいではないか。こんなものが、沖縄の基地移設反対運動の心根なのだろうか。

10月11日、県議会の土木環境委員会で映像を視聴し、内容を確認することになった。知事、野党の自民党系の県議らが視聴した。だが、重傷を負った女性は、代理人弁護士を通じて「プライバシーの侵害で、重要な刑事記録である」として、映像の視聴を中止するように申し入れている。

なおメディアでは、視聴した野党県議らの行為を問題視する記事、ニュースがほとんどだった。県知事与党の山内末子県議は、「今のトラックの搬出状況などを見れば、どこでどうすれば再発防止に繋がるかということは、議論は映像を見なくてもできるではないか」と沖縄テレビの取材に答えている。どこまでも、映像は知事やその周辺にとっては「不都合な事実」のようだ。

安和桟橋出口の死傷事故が示すように、左派活動家は、あまりに二重基準が過ぎる。自由、平和を謳《うた》う割には、自分たちと敵対する勢力には、どれほど遺族の心の傷に塩を塗っても恥じるところがない。

２０２４（令和６）年６月に行われた沖縄県議会議員選挙は、玉城デニー知事の与党である日本共産党、立憲民主党、社会民主党、沖縄社会大衆党などからなる「オール沖縄」勢が議席を減らし、過半数を割り込んだ。自民党は2議席増やして20議席となり、保守系無所属の候補者と併せ、22議席を獲得。知事与党側が4議席減らしたのと対照的に、予想を覆して野党側は4議席を増やした。与党側の活動家にばかり寄り添った姿勢が、敗因のひとつではないだろうか。

第5章
「遺族年金が廃止される！」というデマの震源は？

年金を改正するときは細心の注意を払う政権与党

２０２４（令和６）年４月23日、Ｘ（旧ツイッター）で一斉に奇妙な投稿が相次いだ。「遺族年金廃止」というワードが突如、トレンド入りしたのである。

Ｘは筆者も開設している。２０１９（令和元）年に、産経新聞社を辞めたのと同時に始めた。１日に数回投稿しているので、当然、トレンドワードは気にするが、「遺族年金廃止」というワードが目に飛び込んできたので、「そんなバカな」と驚きを禁じ得なかった。実は数年前から折に触れて、社会保険労務士の資格を取ろうと勉強の真似事のようなことをしていたからだ。

結論から言えば、遺族年金は廃止されない。当たり前だ。いくら岸田政権のステルス増税が批判されているとはいえ、遺族年金を突然廃止したら、自民党政権は未来永劫、政権与党にはなれないだろう。

政権というのは、年金を改正するときには細心の注意を払う。例えば、厚生年金保険の支給開始年齢を65歳とした１９８６（昭和61）年改正だ。それまでは60歳から老齢厚生年金が支給されていた。これを65歳に延ばすために、政府は「経過措置」として、１９９４（平成６）年改正、２０００（平成12）年改正と二度にわたって大きな改正を行った。

制度が複雑なので、かなり省略するが、例えば１９９４（平成６）年改正前に60歳から年金を受給できた人のうち、１９４１（昭和16）年４月１日以前に生まれた男性（女性なら１９４６（昭和21）年４月１日以前に生まれた人）はそのままで変わらないが、例えば１９４１（昭和16）年４月２日から１９４３（昭和18）年４月１日までに生まれた男子は、厚生年金は従来通り60歳からで、老齢基礎年金は61歳から支給とした。これを生まれた年によって62歳、63歳と刻んでいって、１９４９（昭和24）年４月２日から１９５３（昭和28）年４月１日に生まれた男子を老齢基礎年金は65歳から、老齢厚生年金は60歳から、としたのが平成６年改正である。女性は１９５４（昭和29）年

４月２日から１９５８（昭和33）年４月１日までに生まれた人が老齢厚生年金は60歳から、老齢基礎年金は65歳から支給とされた。

２０００（平成12）年改正では、今度は老齢厚生年金は年代によって61歳、62歳……と支給年齢を遅くしていき、１９６１（昭和36）年４月２日以後に生まれた男子と１９６６（昭和41）年４月２日以後に生まれた女子は、65歳にならないと老齢基礎年金も老齢厚生年金も支給されないこととなった。

つまり、政府が改正案を決めて、年金の支給開始年齢を60歳から65歳に引き上げるまで、２回の改正と15年ほどの月日を要しているのである。

「遺族年金の廃止」がいかにあり得ない話か、一端を理解していただけるだろうか。

政府に批判的な一部の人たちがXに拡散させた

では、なぜこのようなデマが広がったのだろうか。衆目の一致するところでは、

２０２３（令和５）年７月28日にＮＨＫが報じた厚生労働省の社会保障審議会の年金部会の改正「案」を、誰かが２０２４（令和６）年４月23日になって広めたのが原因ではないか、というものだ。

では、ＮＨＫがニュースで報じた際に、さほど話題にならなかった年金改正案が、なぜ「遺族年金廃止」として約９カ月後にＸで喧伝されたのだろうか。

公認会計士・税理士でＹｏｕＴｕｂｅｒとしても登録者数が98・３万人もいるインフルエンサーである山田真哉氏が「遺族年金廃止案　現役世代も影響大」と題して配信した動画が発信源ではないか、との説がある。早速、視聴してみたが、全体を見れば、決して遺族年金が廃止されるとは言っていない。

これは、主な改正点は中高齢寡婦加算という制度の男女格差をなくそうという話がメインなのだが、山田氏の「遺族年金廃止案」というサムネイルに飛びついたのか、政府に批判的な一部の人たちが「遺族年金が廃止される。冗談じゃない」というトーンでＸに拡散させたのが事実のようだ。

4月23日、「遺族年金が廃止される」という趣旨で岸田政権の悪口雑言をまき散らしているアカウントがあったので、「遺族年金が廃止されるなんて話、聞いたことがありませんが」と一言、書き込んだのだが、数日後、アカウントそのものがなくなっていた。これは山田氏が意図したのか（多分、人目を引くようなサムネにした結果であって、意図していないと思うが）、していないのかは分からないが、山田氏のサムネを参考にし、かなり意図的に「捨て垢《あか》」をつくって、政権の誹謗中傷に使ったのではないか、という気がした。捨てアカウントなど、個人でいくつもつくるとは考えにくいので、組織的にやっているのではないか、という気もした（あくまで個人的な推測だが）。

メインは中高齢寡婦加算の改定論議

遺族年金は廃止されるのか。答はノーである。

これは中高齢寡婦加算の改定論議がメインのものだ。中高齢寡婦加算とは、子供がいないか、遺族基礎年金の支給事由となる子が18歳以後、最初の３月31日に達したために、遺族基礎年金が受けられなくなった妻が40歳以上の場合、夫が死亡した際に、夫の死亡時から65歳まで一定額が支払われるというものだ。

これは、遺族基礎年金（大体、80万円くらい）は、夫の死亡当時、子供がいる配偶者に支給されるものだから、子のいない妻が寡婦になった場合、遺族厚生年金しか支給されず、年金が低額なものとなり、しかも40歳を超えると働きに出るのも大変だろうから、年金で生活費を援助しよう、という趣旨のものだ。

しかし、今は共稼ぎが当たり前の時代だ。ところが現状の年金制度は夫が働いて、妻が専業主婦という想定で構築されたものが多いので、いろいろと矛盾が出てくる。

例えば、子供のいない夫婦がいたとして、亡くなったのがバリバリ稼ぐ妻であって、専業主夫である夫が残された場合、中高齢寡婦加算は支給されない。支給の対象は「寡婦」であって、「寡夫」ではないからだ。この不平等をなくそうという案が出ている。

もうひとつは夫が亡くなって、妻が残された場合、30歳以上であれば、遺族厚生年金を妻が死ぬなどするまで支給される（再婚するとした場合など複数のケースで失権する）。だが、30歳未満で子供がいない場合、（または、子供がいても30歳未満で再婚するなどして受給権が消滅した場合）、5年間の有期給付となる。これも30歳以上の専業主婦を想定して制度設計されたものなので、30歳以上であっても5年間の有期給付でも良いのではないか、という議論があるわけだ。

その代わり、遺族基礎年金の死亡一時金のような掛け捨て防止の措置を講じるとか、いろいろな可能性が議論されている。

人心を惑わせるようなデマでしかない

この遺族厚生年金も男女格差がある制度で、妻が死亡して夫が残された場合、基本的には遺族厚生年金はもらえない。受給権が得られるのは55歳以上に限られている。しかも、支給は60歳からだ。

また遺族として給付を受けるには、「生計維持要件」というものがある。これは、例えば夫が死亡した場合、妻に850万円以上の年収（所得ベースでは655万5000円以上）があれば、生計維持されているとは認められず、したがって遺族厚生年金は受給されない、というものだ。これも例えば、共稼ぎの世帯であれば収入が激減することは間違いないのに、高所得だからといって年金を支給しないのはいかがなものか、という議論になっているわけだ。

年金制度は非常に複雑怪奇なものなので（だからこそ、社会保険労務士の食い扶持が出てくるのかもしれないが）、説明すると非常に長く、微に入り細にわたる。「遺族年金が廃止される！」と言って政府を批判するXの投稿は、複雑な制度をわざと単純化して、人心を惑わせるようなデマでしかない、ということはお分かりいただけると思う。

繰り返す。結論として、遺族年金は廃止などされない。

第6章
テレビ、新聞の政治報道は信用できるか

東京15区補選で筆者が痛感させられたこと

2024（令和6）年4月、東京15区補選が行われた。告示日の4月16日から投開票日の日までの13日間は、様々なトラブルが起きた。耳目《じもく》を惹《ひ》いた「つばさの党」の乱暴狼藉、一部で非常に注目を集めた日本保守党から初めての国政への候補者として、イスラム思想研究者の飯山陽《あかり》氏が擁立された。そして、立憲民主党から立候補した酒井菜摘《なつみ》・元江東区議は立憲民主党と共産党の共闘で注目を集めた。そして、前評判通り、酒井氏が当選した。

『読売新聞』が4月22日、1面で東京15区補選の情勢分析を掲載した。『読売』は酒井菜摘候補が29ポイントでリード。続いて日本維新の会の金沢結衣氏が17ポイント、須藤元気氏が14ポイント、乙武洋匡氏が11ポイントの順だった。このころの新聞、テレビは酒井氏や小池百合子・東京都知事が応援に入った乙武氏を頻繁に取り上げたが、飯山氏はほとんど黙殺に近い状態だった。これは、当時の日本保守党が国政政党でなく、諸派の扱いだったからだと思われる。しかし、当時の日本保守党は２０２３（令和５）年11月の時点で５万人を超え、X（旧ツイッター）のフォロワー数は２０２３（令和５）年９月１日のアカウント開設からわずか15日で自民党のXフォロワーの数を抜くなど、ある種の社会現象となっていた。だが当初は、ほとんど日本保守党の動向が顧《かえり》みられることはなかった。

前述の『読売新聞』の記事には、飯山陽氏の名前はない。『読売新聞』の記事を読むと、酒井、金沢、須藤、乙武の４候補を合わせた数字は71ポイント。残りの29ポイントの中には、例えば参政党から出馬した吉川里奈、秋元司（無所属）の両氏ら得票が下位だった候補者のポイントも入っていると思う。だが開票結果から換算しても、せいぜい10％を少し上回る程度だ。すると、20ポイント近くが行方不明になってしまう。

『読売新聞』の記事に反映されなかった29ポイントのうち、20ポイント程度は飯山氏の支持だったのではないかと筆者は勘繰《かんぐ》っている。つまり、酒井候補の次順位に飯山氏がつけていたのだろう、と。事実、衆院選が終了した後、期日前投票の結果をNHKが報じたが、飯山氏は2位につけていた（結果的には4位）。

政治用語で、「バンドワゴン効果」というものがある。多くの人が支持していると知った人々が、さらにそこに群がる現象だ。パレードの際に楽団の後ろにチアなどの行列が続くことに由来している。

飯山氏に、このときに「バンドワゴン効果」が起きて、さらに支持が集まった可能性はあったと思う。実際に、百田尚樹・日本保守党党首や飯山氏らの街頭演説には目を見張るほどの人々が集まっていた。清澄通りと永代通りが交差する門前仲町交差点での演説の際には、商店街の歩道を100メートル以上人の波で埋まった。門前仲町交差点から150メートルほど離れた酒店を営む鬼頭達也・江東区議は「うちの店の前にも支持者がいたからね。隣が日本保守党の選挙事務所があったっていうのもあるけれども、すごい人だった」と話している。

もっとも、集まっていた人は江東区外の人が多く、声をかけた人の５人中４人は区外から集まった人たちだった。それでも、それを通りすがりに見た地元の人たちは圧倒されただろう。新聞やテレビで「飯山氏が2位につけている」と報じられていたら、投票行動は変わっていた可能性があると思う。

率直に言うと、飯山氏は選挙の際には素人さが抜けないというか、他の候補者は街宣車から降りて、支持者らと握手するのが相場であるのに、飯山氏らは演説だけして、そのまま去ってしまうということがしばしばあった。

選挙戦の期間中は、黒川敦彦代表が率いる「つばさの党」の妨害活動が激化し、その対処を巡って、内部で対立が起きるなどの影響もあったかもしれない。それにしても、諸派扱いをされた候補者が厚い岩盤を突破するのは容易ではないな、と痛感させられる選挙だった。

「次の総裁にふさわしい人」のトップだった小泉進次郎氏

２０２４（令和６）年９月12日、自民党総裁選が告示された。岸田文雄首相（当時）が８月14日、辞意を表明した。午前11時半、唐突に首相官邸で開かれた記者会見で、岸田首相は「自民党が変わることを国民の前にしっかりと示すことが必要だ。変わることを示す最初の一歩は私が身を引くことだ。来たる総裁選には出馬しない」と述べた。

清和政策研究会（清和研、安倍派）の政治資金収支報告書への不記載問題が事件化し、３人の国会議員が逮捕もしくは在宅起訴されていた。岸田首相の派閥、宏池政策研究会（宏池会・岸田派）でも１月、約３０００万円の政治資金収支報告書への不記載が発覚し、派閥の元会計責任者＝当時８０歳＝が略式起訴された（罰金１００万円、公民権停止３年の略式命令）。岸田首相は自らの派閥を解散を表明せざるを得なかった（9月3日、総務省に正式に解散届を提出）。そのため総裁選には派閥の締め付けが利《き》かず、9人も立候補することになった。

最初に口火を切って、先行逃げ切りを図ったのは、小林鷹之・元経済安全保障担当相だった。8月19日に記者会見を開き、多くの同僚議員が会場に帯同するなか、1時間あまりにわたって会見、質疑応答にもそつなく答えて、存在感を発揮した。先陣を切って会見し、世間の注目を集めることで、小林氏の知名度不足を補おうという作戦が垣間《かいま》見えた。

小林氏とは対照的に「4世議員」の恩典に浴していたのは、小泉進次郎・元環境相だった。何しろ、会見をするはるか前から「次の総裁にふさわしい人」のトップに躍《おど》り出ていたからだ。『日本経済新聞』は8月23日、「医療・子育て重視の層　小泉氏に期待」との見出しで、小泉氏は23％で、次点の石破茂氏の18％より上位に出ていた、と報じている。

「次の総裁にふさわしい人」報道は、8月以降で見ると、『読売新聞』（8月25日）、『朝日新聞』（8月25日、9月2日、9月15日）、TBS（9月8日）、NHK（9月9日）、『日本経済新聞』（9月15日、9月18日）、フジテレビ（9月16日）、『産経新聞』（9月16日）と各メディアがこぞって報じた。ほとんどが、石破茂氏か小泉進次郎氏が上位争いをしている、というものだった。

総裁選を決選投票で石破茂氏と争った高市早苗氏は9月9日、「総裁選に出馬する」と記者会見に臨んだ。この時点では泡沫に近い扱いだった。NHKが9％（3位）、TBS11・7％で3位、『朝日』は3位で8％。いずれも3位とするところが多かったが、石破、小泉両氏には大きく水を空けられていた。

もっとも、国民的人気が高いと言われた石破氏も推薦人の20人を確保するのには難儀したようだ。それでも8月18日にはフジテレビの報道番組で「（推薦人確保の目処《めど》が）ほぼ、つきつつある」と答え、8月24日には記者会見を行い、出馬を表明した。

もっと推薦人の確保に苦労したのは、高市氏だった。それでも2023（令和5）年からノンフィクション作家の門田隆将氏と全国を講演して回り、前回の2021

（令和3）年の総裁選で涙を飲んだ一因である全国的な知名度を補うにあまりある盛況だったと聞いている。

8月18日、東京都杉並区で開かれた講演会に足を運んだ。盛況だった。だが、それでもそのときは「何とか20人の目処がつくかもしれない、と楽屋裏で言っていましたよ」と地元区議が教えてくれていたのに、その後も高市氏を応援する国会議員の中から「どう考えても推薦人が15人ほどしかいない」と悲鳴にも似た嘆きを耳にした。

結局、高市氏は推薦人20人を集め、9月9日に記者会見をしたのだが、小林氏に遅れること20日以上。告示のわずか3日前だった。

「解雇規制の緩和」という危険な主張

この辺りまでは、高市氏は明らかに泡沫扱いだった。9月6日、TBSの情報バラエティー番組『ひるおび』（午前10時25分〜）に出演した政治評論家で元時事通信解説委員の田崎史郎氏は、その日の午前11時から行われた小泉氏の出馬会見を評して「70点」と採点。「会見を聞いていて勢いを感じた。進次郎さんについては『大丈夫か』の声もあったが、今日の会見で払拭できたのでは?」と述べた。田崎氏は小林氏の会見は「60点」、後日、出馬表明をした高市氏に至っては「40点」と採点した。

これがいかに空疎で主観的なものだったかは、論を俟《ま》たない。高市氏の会見に至っては「政策を単に羅列しているだけ。目標年度もない。安倍晋三元首相が後ろ向きだった省庁再編を言っている」のが根拠だとした。政策を羅列するのが公約ではないのか。目標年度を明示していたのは、小泉進次郎氏だ。田崎氏は、かなり高市氏を嫌い、小泉氏を推していた。邪推かもしれないが、小泉氏を強く推していた菅義偉元首相や森喜朗元首相あたりから「テレビで小泉君を推してくれ」とでも頼まれたのではないか、と疑うほどだった。

逆に田崎氏は小泉氏の言った政策がいかに危険なものであるかについては、一言も言及しなかった。斯界《しかい》の大先輩には甚《はなは》だ失礼を承知で言えば、田崎氏は政局には関心があるが、政策については何も興味がないのではないだろうか。

小泉氏の会見では、田中龍作というかなり左派的なフリージャーナリストが「小泉さんが首相になってG７に出席したら、知的レベルの低さで恥をかくのではないかと、皆さん心配している。それこそ日本の国力低下にならないか。それでも、あえて総理を目指すのか」と質問した。かなり失礼かつ非常識なものだった。

小泉氏は冷静さを失うことなく、「私に足りないところが多くあるのは事実だろう。完璧ではないことも事実だ。しかし、その足りないところを補ってくれる最高のチームをつくる」と答えてみせた。翌日の新聞、テレビは、この会見を概ね好意的に報じた。だが、小泉氏の出馬会見の中で、解雇規制の緩和を打ち出したことについて、メディアはほとんどその危険性に言及しなかった。

小泉氏は９月６日の会見で「解雇規制を見直す。人員整理が認められにくい状況を変える」と述べた。しかも、これを「改革」と銘打って「１年以内で実現させる」と言い切ったのだ。

田崎氏にすれば、「期限を区切った」パーフェクトな会見に見えたのかもしれないが、労働政策において、これほど危険な主張はない。

労働市場の流動化が重要なことに異論はない。だが、それは「解雇規制の緩和」という劇薬を用いてまで邁進《まいしん》すべきものだろうか。

なぜなら、日本はアメリカと違って労働市場は主に「メンバーシップ制」という雇用形態をとっている。部署を限定せずに新卒の学生を採用し、これを長い時間をかけて教育していく、というものだ。これをアメリカのような「ジョブ制」(営業なら営業のスペシャリストとして養成していく方法。突出した能力を持つサラリーマンは企業間で争奪戦となりやすく、労働市場の流動化につながる、と言われている)に変えていくにしても、小泉氏の言うように「1年以内で実現させる」ものではないはずだ。

付言すれば、日本の法体系の中では、解雇基準はどこにも定められていない。わずかに労働契約法16条に「解雇は、客観的に合理的な理由を欠き、社会通念上相当であると認められない場合は、その権利を濫用したものとして、無効とする」と定められているだけだ。

それでは、日本ではなぜ「解雇しづらい」と形容される労働市場なのか。それは、最高裁が整理解雇の4要件という基準を示し、①人員整理の必要性、②解雇回避の努力、③人選の合理性、④解雇手続きの妥当性、が揃わない解雇は、「客観的に合理的な理由を欠き、その権利を濫用したもの」と判断されるべき、という判例を積み上げたからだ。

この50年以上の長きにわたって積み上げられてきた判例を、小泉氏は「1年以内で改革する」と言ってのけた。政治評論家であるのならば、「小泉さん、それは三権分立に反しませんか？」くらいは、田崎氏には言ってほしかった。

呆れ返るほかない御用コメンテーターの世論誘導

例えば産経新聞社を辞めた筆者が、割増退職金として決して少なからぬ退職金を手にすることができたのは、前述の②の「解雇回避の努力」という最高裁判例があったからだと思う。解雇の前にまず「希望退職制度」に従って希望退職を募《つの》り、通常の退職金に上積みして退職手当を支払うことによって、「解雇を回避すべく努力した」と会社側はエクスキューズすることができる。この恩典に浴することができたのは、まさに先人が築き上げた「整理解雇の４要件」の賜物《たまもの》だ。

だが、この割増退職金は30歳代のときに30年ローンで購入した自宅に、いまだ借金が残っていたため、ほとんどをその返済に充《あ》てた。会社を辞める直前に小泉政権が樹立され、「解雇されやすい労働市場」が実現していなかったことが不幸中の幸いだった。この「住宅ローン」とて、日本的な「メンバーシップ制」の最たるものだ。終身雇用または同じ企業に長く勤務するということを前提にしないと、なかなか銀行とて数千万円の金を貸してくれるはずがない。

それに高市早苗・元経済安全保障担当相も言っていたが、日本は決して「解雇しにくい国」ではない。アメリカに比べれば、それは当を得ているといえるかもしれないが、ヨーロッパ諸国は日本よりさらに解雇要件は厳しい。候補者討論の際、高市氏がそのことを指摘すると、小泉氏は返答に窮《きゅう》してしまい、小林鷹之・元経済安全保障担当相が「解雇規制を緩和して雇用の流動化を図っていくのか、それとも解雇規制は緩和しないのか」と再度、質《ただ》したときも答えをはぐらかした。小泉氏は以後、「解雇規制の緩和」を言わなくなった。おそらくは、菅義偉・元首相の側近たる竹中平蔵・元総務相あたりから吹き込まれた話を咀嚼《そしゃく》せずに開陳した結果の悲劇だろうと推測する。小泉氏が総理総裁にならずに、真に幸甚《こうじん》だったと思う（石破茂氏が総裁に就任したのは、別の意味で衝撃的だったが……）。

小泉進次郎氏の父、純一郎氏は２００１（平成13）年、「自民党をぶっ壊す」と言い放って、国民的な人気を博して総裁に就任した。２００３（平成15）年の衆院選では民主党に１７７議席を許しながらも第一党を死守し、２３７議席を得た。「改革なくして成長なし」をスローガンに２００５（平成17）年には「改革の本丸」と位置付けた郵政民営化関連法案が自民党の造反議員が多く出て否決されると、衆議院を解散した。

「国民の皆さんに訊《き》いてみたい」と絶叫し、国民は熱狂した。小泉氏の追求した「小さな政府」は、自民党が296議席を獲得し、与党で衆院の3分の2を超える圧倒的勝利の中で、進められていく。

非正規雇用が増え、貧富の差が拡大した。「小泉郵政民営化改革」初期の2006（平成18）年度には1・18％だった生活保護率が、上昇を続け、2015（平成27）年3月には1・70％と、1975（昭和50）年度以降で過去最高を記録した（厚生労働省の被保護者調査より）。

派遣業者数も2007（平成19）年ごろから急増し、派遣社員も漸増《ぜんぞう》してくる。2018（平成30）年、安倍政権が労働者派遣事業者の届け出制を廃止し、許可制のみにするまで事業者数は増加傾向で、正規雇用が増える環境はなかなか整わなかった。小泉純一郎氏は「痛みを耐えた後に成長がある」と国民に呼びかけたが、一度、「痛みを強《し》いる」制度を構築すると、それを元に戻すことがいかに至難かが分かる。

小泉政権の誕生直前には4％前後で推移していた失業率は、リーマンショックが

2008（平成20）年9月に起きたこともあり、5％を超え、有効求人倍率は何と0・50あたりまで落ち込んでしまう。

長々と小泉純一郎政権のころの「負の遺産」を縷々《るる》紹介したのは、「改革」という美名に踊らされた結果、被《こうむ》ったダメージが当時は大変なものだったからだ。

小泉進次郎氏は4世議員。都会育ちだ。『週刊文春』によると、彼は推定月80万円のマンションに住んでいるのだという。苦労を知らず、一般企業に就職したこともない世襲議員に、解雇同然で社会の荒波に放り出された中年サラリーマンとその一家の悲哀など、知ったことではないだろう。だからこそ、彼が軽々しく解雇規制を「改革」と言ってのけたのには心底腹が立ったし、それを側面で支援する田崎氏ら御用コメンテーターの世論誘導には呆《あき》れ返るほかないし、非常に害悪だと思う。

テレビ、新聞に包囲網を敷かれた高市早苗氏

もうひとつ、総裁選では不可解な「事件」が起きた。高市早苗陣営のリーフレット事件だ。これも口火を切ったのは、田崎史郎氏だった。9月16日、「高市氏の党員・党友票が伸びている。その理由として各陣営が挙げているのが『リーフレット』（印刷物）問題だ」と言うのだ。ちょうど、これと平仄《ひょうそく》を合わせる形で、石破氏陣営の平将明衆院議員（自民党広報本部本部長代理、石破内閣でデジタル担当相に就任）が、「高市氏のリーフレットだけが党員に届いていて、それが（党員票の）拡大に影響したとの分析もある」とBS日テレの番組で指摘した。

テレビや新聞は一斉に、この問題を報じた。NHKはかなり全国ニュースの「良い扱い」で報じた。逢沢一郎・総裁選選挙管理委員長は「ルールに従ってほしい」と9月11日、高市氏に口頭で注意した。

その後も岸田文雄首相（当時）ら自民党執行部が9月17日になって追加の対応を求め、これも一斉に報じられた。高市氏に対して、テレビ、新聞で包囲網を敷いたわけだ。

高市陣営も、やられっぱなしではなかった。高市氏が発送したのは「国政報告レポート」であり、党が告示前の文書などの郵送配布を禁じた9月4日にはすでに発送し、8月末にはリーフレットの発送準備を終えており、業者に手渡していた、と事情を説明。発送を止めたが間に合わなかった、と反論した。また、リーフレットの中に総裁選への出馬を示すような文言もなかった、と強調した。

さらにノンフィクション作家の門田隆将氏が、「石破茂氏、茂木敏充氏、河野太郎氏は『総裁選のお願い』と称するパンフレットを郵送しているではないか」という趣旨の投稿を自身のX（旧ツイッター）で行った。こちらは石破、茂木氏とも9月4日以降の消印になっているとの指摘もあったが、特に自民党執行部には問題にされず、テレビも新聞も沈黙した。「高市騒動」は沈静化し、岸田首相が示唆した高市氏の追加処分もなく、沙汰やみとなった。

一連の動きは、露骨な高市潰しと言える。ところが1回目の総裁選の投票では、党員票はトップに躍り出た。正直、石破氏を相当追い上げるだろうとは思ったが、1位になるとまでは想定していなかった。これまでの流れを見ると、「何とかして高市総裁を阻止したいテレビ&新聞などの既存メディアVS「高市氏を応援するSNS」という対立構図がはっきりしており、高市氏が党員票でトップに立ったことは、SNSが新聞、テレビなどの旧来メディアに打ち克《か》ったメルクマールとなったのではないかと思う。

決選投票で、岸田文雄首相をはじめ旧岸田派のほとんど、菅義偉元首相、おそらくは麻生派の中からも相当数が麻生太郎副総理（当時）の指示に反して高市氏に入れなかったのだろう。「政治家の思惑」で党員の意思がひっくり返ったのも、象徴的だった。

立憲民主党に追い風が吹いたかのような報道は「デマ」

10月27日、第50回衆議院総選挙の投開票が終わった。9月27日、決選投票で、党員票1位を獲得し、総裁就任に手が届くところまで来ていた高市早苗・元経済安全保障担当相を、まさかの大逆転で退けて10月1日、第102代首相に就任した石破茂・新首相は10月15日公示、27日投開票というサプライズを仕掛けてきた。

「自民党内野党」と言われ、「後ろから鉄砲を撃つ男」とも称され、長らく非主流派の立場に甘んじてきた石破氏。総裁選のときも「全閣僚が出席する形の予算委員会を一通りやって、この政権は何を考えているのか、何を目指そうとしているのかということが、国民の皆様方に示せた段階で、可能な限り早く信を問いたい」と、予算委員会の開催を表明していたにもかかわらず、いざ政権が誕生すると、あっさり前言を撤回し、総理就任わずか２週間程度というスピード解散を強行してしまった。

「野党の選挙態勢が整わないうちに」という森山裕幹事長の進言を受け入れたと言われているが、どんな実力者が後押ししようが、最終的に決断するのは内閣総理大臣たる石破氏なのだから、言い訳のしようがない話だ。

だが、政権の思惑とは別に、当初は「自民単独で過半数を窺う」（10月16日、『毎日新聞』）という情勢分析だったメディアの報道が、日を追うごとに石破政権にとっては厳しいものとなっていく。「自公過半数微妙な情勢　自民は単独過半数割れの公算」

（10月20日、『朝日新聞』）、「自公過半数巡り攻防」（10月25日、『日本経済新聞』）という具合だ。

メディアは「『政治とカネ』に厳しい審判が下りた」という評価をしたが、果たしてそうか。日本テレビは「NNN衆院選　zero選挙2024」の番組中、不記載が発覚した候補の名前の上に「ウラ金」と書かれたマークを付記した。テレビ朝日系の「報道ステーション2024」でも不記載議員の名前の上に、印鑑で押したように○の中に「裏」と書いたマークを付記した。

選挙期間中、メディアの争点は専ら「裏金」で、これに乗った立憲民主党などの左派政党は「裏金、裏金」と演説の場で絶叫し、具体的な政策への言及はほとんどなかった。

それにしても「総理総裁にふさわしい人」で不動の1位だった石破茂首相が、なぜ衆院選でここまで惨敗したのだろうか。マスメディアの世論調査が誤っていたのだろうか。

石破首相は長い間、安倍政権が続くなか、冷や飯を食わされていた。半面、自民党内では「党内野党」として好きなことを言い、有権者には「正論を吐く男」として一定程度、有権者のガス抜きの役割を果たしていたのだと思う。総裁選の決選投票で石破氏に票を投じた議員も、「石破なら衆院選を乗り切れる」との読みがあったのかもしれない。

だが、テレビや新聞の「総理総裁にふさわしい人」は自民党員のみに訊いた調査ではない。もっとも、地方創生担当相を経験した石破氏は、東京から離れれば離れるほど人気は高かった。九州は、福岡県以外は党員票1位は全て石破氏だった。東北地方も、宮城県以外は全て石破氏が1位だった。言ってみれば、メディアの「デマ」に振り回され、自民党が衆院選で自滅しただけ、ということのように見える。

しかし衆院選になれば、野党がいる。石破氏は有権者の歓心を買うために、すでに刑事事件としての捜査が終結し、党内処分も終えていた不記載が発覚した議員12人の非公認を一方的に決め、44人の議員の比例重複立候補を認めなかった。だが、政治資金の不記載は、自民党が震源地だ。攻撃する立憲民主党の野田佳彦代表のほうに票が流れるのは、当然の帰結だ。しかも「裏金はけしからん」と思っている浮動票は、もとより自民党に投票する行動をとることは普段から少ない層だ。ターゲットを完全に見誤っている。では、立憲民主党に追い風が吹いたのかといえば、そうとも言えない。

選挙期間中、メディアは「立憲民主党、議席大幅増の見込み」との見出しで、立憲民主党が躍進する可能性が大きいことを強調した。まるで、立憲民主党旋風が起こったかのようだ。だが、下条みつ氏（長野2区）、五十嵐えり氏（東京30区）、松下玲子氏（東京18区）、有田芳生氏（東京24区）の演説会場に足を運んでみたが、風が吹いているようには到底見えなかった。有田氏が演説をしたJR八王子駅前には数百人の人が集まっていたが、活動家然とした、選挙に慣れた感じの人が多く、集まった数も自民党の萩生田光一候補とあまり変わらなかった。実際、松下氏と有田氏は小選挙区では落選した（比例区で復活した）し、立憲民主党自体、前回衆院選より比例票は7万票しか増えていない。自民党が自滅したために議席数を大幅に増やしたに過ぎない。立憲民主党に追い風が吹いたかのような報道——これも、新聞やテレビの「デマ」かもしれない。

自民批判よりも「手取りを増やす」の訴えが有権者に刺さった

反対に勢いを感じたのは、国民民主党のほうだった。10月22日、ＪＲ錦糸町駅・北口で行われた榛葉賀津也《しんばかづや》幹事長が、東京14区の国民民主党の候補者、伊藤菜々氏の応援演説の際、「自民党を批判する選挙じゃない。自民党に喝を入れるんだ」と言ったときに大きな拍手が湧いた。

「悪口や批判や暴力で政治を変えるんじゃなくて、みんなの思い、熱意そしてスマホやタブレットの拡散で、みんなの人差し指のポチが、日本をひっくり返すよ」

有権者の心には一方的に自民党を批判するよりも、建設的に「手取りを増やす」とワンイシューで政策を提示した国民民主党の訴えが「刺さった」ということだろう。

国民民主党の玉木雄一郎代表は、「正論は言うが、売れないアイドルだ」と長らく言われてきた。だが、SNSを駆使した選挙戦略、玉木氏に加えて、榛葉賀津也幹事長、（参院議員）、礒崎哲史《いそざきてつじ》副代表兼広報局長（参院議員）といったスターが出てきて、二枚看板、三枚看板になってきた。錦糸町駅前での街頭演説をこの目で見て、国民民主党は躍進すると確信した。「手取りを増やす」という単刀直入なワンフレーズも良かった。所得税の基礎控除等の合計額を103万円から178万円に引き上げる政策は、まさに小泉純一郎内閣のワンイシュー、「郵政民営化」を彷彿《ほうふつ》とさせたし、「手取りを増やす」は「自民党をぶっ壊す」に通じるものがあった。

テレビや新聞は、この党が7議席から21議席程度まで増やすだろうと予測していた。筆者は国民民主党の勢いと、東京都知事選に出馬した石丸伸二・元安芸高田市長や、総裁選に高市早苗・元経済安全保障担当相が立候補したときの熱気と似たものを感じていた。

JR東京駅・丸の内北口広場での玉木雄一郎代表の演説の際に集まった聴衆は、

５００人以上いただろうか。「前に詰めてください。人が通るスペースを確保してください」とアナウンスが流れるほどの人が集まっていた。

だから筆者は、国民民主党は30議席近く取るのではないか、と思った。事実、国民民主党は28議席を獲得した。

「売れない地下アイドル」と言われた玉木氏が、与党で過半数を取れなかった石破・自公連立政権の重要なキーマンに躍り出た。ここからの左派紙やジャーナリストたちの言動は、不可解極まりないものだった。

財務省の「ご説明」を額面通りに受けた『朝日』がデマを吹聴

『朝日新聞』は突如、財務省が「政府資料」として発表した７兆６０００億円の財源が不足することを根拠として〈75万円の引き上げ幅は明らかに過大だ。約30年で最低賃金が７割上がったのが根拠と言うが、物価上昇率を参考にするのが筋だろう〉と噛《か》みついた。

だが、103万円の所得税の基礎控除等の合計額は、労働の成果にかかる所得税なのだから、最低賃金が上がれば、それに付随させて上昇させることのほうが筋が通っていると思うが……。

また、『朝日』は〈基礎控除を一律で75万円増やせば、住民税も含め7〜8兆円の減税になり、財政に大穴があく。高所得者ほど減税額が大きく、所得再分配も損なう〉と論じる。ちょっと待ってほしい。高所得者ほど減税額が多いのは事実だが、累進課税である以上、所得が多い人ほど、税は多く納める。年収2300万円の人には年間約38万円、年収210万円の人には約9万円の減税効果がある。一方、減税率で見ると、年収2300万円の人には1・6%であるのに対し、年収210万円の人には4・3%減税される。つまり所得が低い人のほうが、恩恵が大きいのだ。

これこそが財務省の「ご説明」を額面通りに受けて、デマを吹聴《ふいちょう》していることにほかならないのではないか。

そもそも景気が上向いて税収が増えても、財務省は国債のプライマリーバランス（ＰＢ）を黒字にすることばかりに汲々としているように見える。新聞やテレビが推す野田佳彦・立憲民主党党首などは、増税派、財政規律派の典型だ。２００９（平成21）年の衆院選で大勝した際、民主党は中小企業の法人税率を下げることなどを公約とし、空前絶後の３０８議席を獲得した。自民党は１９５５（昭和30）年の結党以来、続けてきた第一党の座を明け渡した（１１９議席）。ところが、民主党は２０１２（平成24）年、野田政権時に公約にも掲げていない消費税増税を決行する。野田氏は今回の選挙でも、金融所得への課税を「20％から25％に上げることもあり得る」と述べている。

こうした立憲民主党の姿勢と一線を画し、「手取りを増やす」ことを訴えた国民民主党の公約は有権者の共感を呼んだ。だが、いざ玉木雄一郎代表が「一回目も決選投票も、玉木雄一郎と書く」と断言してから、左派メディアは一斉に国民民主党の基礎控除額の引き上げにケチをつけ始めた。国民民主党の会見では、フリーの記者が「自民党政権を倒して、野田佳彦と首班指名で書かないのはおかしい」と執拗《しつよう》に噛みつく場面がYouTubeで流されたのを目にした人もいるだろう。

国民民主党の榛葉賀津也幹事長が、「首班指名選挙で、決選投票を含め、野田佳彦とは書かない」と断言したのが10月29日。BS-TBSの番組で、だ。政府試算の「7・6兆円の財源の穴」が発表されたのが10月30日。『朝日新聞』の社説が11月2日。どうだろうか？　玉木代表が「立憲民主党には与《くみ》しない」ことが明らかになった段階で、財務省が動いて国民民主党の減税案を潰しにかかったと見るべきではないだろうか。

財務省には財政研究会という、経済部記者にとっては登竜門の記者クラブがある。そこに10月30日の前後に、財務省官僚が「ご説明」と称して、レクチャーをした可能性が非常に高い。それだけではなく、経済部長や社説を執筆する論説委員にも「ご説明」に行った可能性が高い。なぜなら経済部長や経済畑の論説委員は、財政研究会の経験者が非常に多く、財務省にも顔なじみが大勢いるからだ。

今回の左派メディアの「国民民主党の公約である年収の壁」潰し。背後にいるのが財務省と考えれば、辻褄《つじつま》が合う。報道機関が権力を監視する「ウオッチ・ドッグ」である、などというのは幻想だ。「裏金の争点化」にも「国民民主党バッシング」にも通底するものは、自民党を潰したい、自民党を利するもの（立憲民主党に与しないもの）は叩き潰す、という権力闘争に過ぎないのだ。

第7章

「ハリス優勢」「接戦」と報じたテレビ局の罪

SNSでは「お通夜状態」というワードがトレンド入り

米大統領選が終わった。この原稿を書いている時点で、ドナルド・トランプ元大統領はスイング・ステートと言われた米7州のうち、ほとんどの州を制したと見られている。だが、日本の民放各局は「ハリス優勢」、あるいは「接戦」と伝えていた。我が家はとうの昔にテレビを家から排出してしまい、それを知ったのは選挙の後だった。SNSで翌日になってから見たのだが、まあ、酷い酷い。

海野素央・明治大教授は日本テレビ系の情報バラエティー番組「ミヤネ屋」の中で、トランプ勝利が伝えられるや、「民主主義の危機ということが、米の有権者には刺さらないということです。民主主義が弱体化するかもしれない」とCMに入るギリギリまで叫び続けた。

BS-TBSの「報道1930」に出演したお笑いコンビ「パックンマックン」の「パッ

クン」ことパトリック・ハーラン氏は、「(トランプの第一次政権だった) 4年間を思い出してください。2回も弾劾《だんがい》されているんですよ。金正恩と2回もラブレターを交換しているんですよ。プーチンともラブラブな状態になっているんですよ。権力を濫用しているんですよ。グローバルサウスを『ダメダメ国家』と言っているんですよ。その人の未知数が今、知られているんです。グレーのところが、白黒がはっきり見えているんです。僕から見れば真っ黒なんです」と述べ、「その真っ黒な人が、過半数の人に選ばれたということになりそうですね」と、まるでトランプ氏を選んだ有権者が愚民であるかのような物言いをして、吐き捨てた。

テレビ朝日系の「ワイドスクランブル」では、ニューヨークからの中継で、ジャーナリストの増田ユリヤ氏が「トランプさんを応援する帽子をかぶって、共和党の勝利を願っている方もいます」と報告すると、番組に出演した池上彰氏は「ニューヨークでもトランプさんの支持者がいるというのが劇的ですよね。信じられないですけどね」と悔しそうだった。圧倒的に民主党支持者が多いと言われるニューヨークで、そのような現象が起きていたら、現場の皮膚感覚としては、「トランプ圧勝」を予想するだろう。ところが、米民主党を熱狂的に支持し、トランプ氏を憎悪するパックンら日本のテレビ局コメンテーターは目が曇《くも》っているのか、これを正視できず、「ハリス優勢」「接戦」と当初は語っていた。

ＳＮＳではこうしたトランプ圧勝の陰で、落ち込む様子を見せる「有識者」らを皮肉り、「お通夜状態」というワードがトレンド入りするなどした。

「共和党に、トランプに入れる奴はバカだ」？

呆れたのは、アメリカのテレビ局だ。「共和党が勝った州は、全米平均よりも大卒者の割合が低く、平均より高い州は民主党が強い」と解説し出した（主にＣＮＮ）。「共和党に、トランプに入れる奴はバカだ」と言いたいらしい。リベラルなど一皮むけば、この程度だ。高等教育を受けたから、民主党支持者は意識が高いとでも言いたいのか。日本でも、東大、京大、一橋、早稲田（慶應は一部を除けば、そうでもないと思うが）、関西の有名私大の多くは、教授陣は旧社会党や旧共産党の支持者だらけだ。毎日、授業に出席して、マメにノートに書き写すような真面目君ほど、単にこうした左派思想に洗脳されているだけではないのだろうか。

米大統領選を巡っては、前々回、ドナルド・トランプがヒラリー・クリントンを破った２０１６年も「ヒラリー圧勝」と米メディアは予想していたし、２０２０年にトランプがジョー・バイデンに敗れた際も、「バイデンがトランプに大差のリード」が米メディアの予想だった（実際は僅差で、訴訟に至るまで揉めに揉めた）。今回の大統領選は、前の2回よりも僅差だった。トランプ氏の勝利の可能性がかなり高いことは想定できる。しかもトランプ氏の支持は激戦州7州のうち、１州を除けば、上昇基調にあった（リアル・クリア・ポリティクスによる）。筆者はこのデータを見て、トランプ勝利の可能性が高いと確信し、「統計上はトランプ勝利としか思えない」とXに投稿した。

視聴者を洗脳しようとでもしているのか

米のテレビ局や世論調査機関が、自らの調査の精度が低いことを恥じ、対策を講じていたならば、もう少し信憑性の高い結果になったかもしれないが、アメリカも日本のメディアも自省することはなかったようだ。

米メディアも日本のメディアも、信用性が揺らいでいる。特に日本のテレビ局だ。パックンをはじめ、出演するコメンテーターは例外なく民主党支持者。中林美恵子・早稲田大教授は、衆院選に当時の民主党（もちろん日本の）から出馬した経験がある。それだけリベラル色が強い方のようだ。端《はな》から共和党を敵視する人々でテレビ番組を構成すれば、結果がこうなるのは目に見えている。まさに、デマを発信するテレビ局であることを実証してしまった。こんな偏向した報道を臆面もなく続けていて、テレビ局は視聴者を洗脳しようとでもしているのだろうか。

「今回の米大統領選は、予測が難しかった」とテレビ局は言い訳するかもしれないので、日本貿易振興機構（ジェトロ）の分析を紹介する。テレビ局より独立行政法人の調査のほうがよほど公平で、信頼性が高いことがよく分かると思う。

ジェトロ調査部米州課は11月1日付で「5つの激戦州でトランプ氏優位に　米大統領世論調査」というリリースを出している。

それによると、ニューヨーク・タイムズ紙で、激戦州（スイングステート）7州のうち、5州でトランプ氏が支持率で優位に立ったと報じた。各選挙情報サイトが発表する大統領選の勝率は、トランプ氏51・2％、ハリス氏が47・5％と紹介してもいる。アメリカの左派の中にも、ほぼ正確に世論調査の結果を伝えていたメディアもあったということだ。目が曇っていたのは、日本のテレビに出演したコメンテーターや番組制作者だったのだ。

あとがき

2024（令和6）年11月17日、兵庫県知事選が投開票された。投票が午後8時に締め切られると同時に、朝日放送（ABC）と毎日放送（MBS）が当選確実を速報。事前の圧倒的不利の予測を覆した斎藤元彦・元知事（47）の逆転勝利だった。

告示前には当選するだろうと目されていた稲村和美・前尼崎市長（52）は茫然自失。支持者の前に姿を現すと「斎藤候補と争ったというより、何と向かい合っているのかな、という違和感があった」と振り返り、悔しさをにじませた。

パワハラ、おねだり、キックバック……。元西播磨県民局長の内部告発文書に端を発した今回の問題を振り返ってみよう。

2024（令和6）年3月12日、兵庫県警、国会議員、県会議員、報道各社の計10カ所に匿名の内部告発文書が送られた。3月下旬に文書の存在を察知した斎藤元彦知事は片山安孝・副知事以下、県幹部に徹底調査を命じ、人事課は「西播磨県民局長の

W氏が作成者の可能性が高い」と推測し、西播磨県民局を訪問した上、公用パソコンを押収した。

告発文書はW局長が作成し、郵送したものと断定した県当局は、W氏の定年退職を凍結し、記者会見で斎藤知事は「事実無根の内容が多々含まれており、職員の信用失墜や名誉毀損などの法的な問題がある」として、5月7日、W元西播磨県民局長に停職3カ月の処分を下した。

告発文書の内容だが、概略、次のようなことが書かれていた。

①ひょうご震災記念21世紀機構の理事長を務めていた、神戸大の元教授で、防衛大学校の校長などを歴任した五百旗頭真（いおきべ・まこと）氏の死去の原因は、斎藤知事にある。五百旗頭氏の死去前日、斎藤知事の命を受けた片山副知事らが五百旗頭氏を訪問。機構の副理事長を務める御厨貴（みくりや・たかし）東京大名誉教授、河田恵昭（かわだ・よしあき）京都大名誉教授を解任した。県からの突然の通告に、五百旗頭氏は聞き置くにとどめ、お引き取りを願った。帰宅してからも理不尽な仕打ちに夜も眠れなかった。翌日、機構の職員に胸の内を明かした。その日の午後に機構の理事長室で倒れ、急性大動脈解離で亡くなった。急性大動脈解離は、激高などの情

動的ストレスがトリガーになるともいわれる。片山副知事らが何の配慮もなく行った五百旗頭氏への仕打ちが命を縮めたことは明白。

②2021（令和3）年7月に行われた兵庫県知事選で、斎藤知事の側近幹部が、知人などに投票依頼などの事前運動を行った。

③2023（令和5）年の下半期から次回の県知事選に備え、商工会などを回って、知事が自身への投票依頼をしている。

④斎藤知事のおねだり体質は有名。知事の自宅には贈答品が山のように積まれている。コーヒーメーカー、ゴルフのアイアンセット（20万円相当）などを受領した。ロードバイクを贈呈してもらったこともあり（50万円相当）、完全な贈収賄。

⑤県下の商工会議所、商工会にパーティー券の購入を依頼し、大量購入させた。

⑥2023（令和5）年11月23日実施のプロ野球の阪神、オリックスの優勝パレードの必要経費をクラウドファンディングや企業からの寄付で賄おうとしたが、必要額を大幅に下回った。そこで信用金庫への補助金を増額し、それをキックバックさせることで補った。パレードを担当した課長は、一連の不正行為と大阪府との難しい調整のため、精神が持たず、うつ病を発症し、自宅療養中（その後、自殺）。

⑦知事のパワハラがひどく、出張先のエントランスが自動車進入禁止のため20メートルほど手前で公用車を降りて歩かされただけで、出迎えた職員・関係者を怒鳴り散らし、その後は一言も口を利かなかった。自分が知らないことが報じられると、「聞いていない」と担当者を呼びつける。知事レクの際に気に入らないことがあると、机を叩いて激怒するなど枚挙にいとまがない。夜中、休日おかまいなしに、チャットによる指示が矢のようにやってくる。対応が遅れると「やる気がないのか」と非難され、すぐにレスすると「貴重な休み時間を邪魔するのか」と文句を言う。左遷された職員が大勢いる（職員からの訴えがあれば傷害罪、暴行罪）。

◇

4月16日、『読売新聞』が２０２３（令和５）年8月、兵庫県加西市の企業を視察中に企業側が贈答品を渡そうとし、斎藤知事は断ったが、その後、産業労働部長が贈答品などを受領し、２０２４（令和６）年3月下旬になって企業側に返却していたことを「スクープ」した。

ここから報道合戦が熾烈化し、『週刊文春』は7月中旬ごろから10本以上、「スクープ記事」を掲載し、大きな社会現象になった。

筆者は、この件については現場が遠く、出張して取材すると費用が嵩《かさ》むことから、傍観者的な立場でこの騒動を見ていた。自分のYouTubeチャンネルでも取り上げたが、奥歯に物の挟まったような物言いだった、と反省している。当時から、この斎藤知事に関する報道合戦について、「おねだり」が多いことが気になっていた。「これは贈収賄に問うのは難しい」と、自身のYouTubeチャンネルで言った。問題があるとすれば、信用金庫への補助金をキックバックさせ、パレード開催の費用に充《あ》てていたことだ。これは事実であれば、背任罪が成立する可能性が高いと思った。月刊誌にもその趣旨のことを寄稿した。パワハラについては、事実であれば問題だとは思うが、知事を辞めるほどの大きな不祥事だろうか、とは思った。ただ、西播磨県民局長を自殺に追いやったのであれば、知事を辞めざるを得ないだろうと感じた。

県議会に百条委員会が設置されたが、新しい事実はほとんど出なかった。ほかにパワハラと思《おぼ》しき事実がいくつかあったが、一県議の独自アンケートであり、回答も匿名なので、事実のそれ以上の追及が難しいものだった。

それでも、百条委員会の結論が出る前に10月31日に兵庫県知事選は告示された。斎藤知事は9月30日に失職すると、県内各地の駅頭に立った。当初は足を止める人もなかったのが、告示日には聴衆が３００人ほど集まるようになった。

なぜ斎藤知事は圧倒的に不利な状況から再選を果たすことができたのか。それは立花孝志・ＮＨＫから国民を守る党党首の立候補と、立花氏や斎藤知事自身が発信したＹｏｕＴｕｂｅなどのＳＮＳが有権者の疑問を湧き起こし、「斎藤知事は疑惑をでっち上げられ、陥《おとしい》れられたのではないか」と疑問を抱く人が日に日に増えていったことが要因だと思う。

特に象徴的だったのは、10月31日、立花氏が自身の動画で、非公開で行われた百条委員会（10月25日開催）の模様を録音した音源を明らかにしたことだ。これは片山安孝・副知事が百条委員会に出頭した際、経緯を説明する際に、Ｗ元局長の不倫問題を言いかけたとたん、百条委の奥谷謙一・委員長から「それは言わなくていいです」と止められたものだった。立花氏は、これを街頭演説の場で公開した。

こうしたＳＮＳの動きが、Ｗ局長の公用パソコンに「クーデター」「革命」「逃げ切る」という言葉が確認されており、斎藤知事を追い落とすための陰謀だったのではないか、という見方が急速に広まった。

立花孝志氏は10月30日、朝日放送（ＡＢＣ）の情報番組「ｎｅｗｓおかえり」の中で企画された討論会に出演するに際し、事前にABCニュース部長と、電話で会談。「県民国民には公用パソコンの内容を知る権利がある」と主張したところ、ABCの生出演を断られた。立花氏が、この経緯も同日、自身のYouTubeで公開。「圧力が来ました」と述べたことで、「隠蔽《いんぺい》する既存メディア」と「真実を伝えるSNS」という構図が徐々に出来上がった。

こうした経緯を見ても、兵庫県知事選での斎藤氏の再選は、既存メディアの敗北であることは明らかだ。投開票日の前日、兵庫県西宮市の阪急西宮北口駅前で斎藤氏、神戸市中央区の三宮センター街で稲村和美氏の演説を聞いたが、斎藤氏に勢いがあることは明らかだった。何しろ、演説の予定時刻より1時間以上も前から人が集まってきているのだ。対する稲村氏にもそれなりに人は集まっていたが、演説の内容は防戦一方だった。「斎藤氏は勝つだろう」と筆者は思った。

一方、既存メディアの姿勢は、高市早苗氏をバッシングしたときに近いと思う。高市氏はリーフレット配送問題などを新聞、テレビ各紙に報じられたのをものともせずに、党員票で1位を獲得した。

斎藤氏の当選が決まるのを報じようと、斎藤氏の事務所前に集まったテレビカメラに向かって「帰れ」コールが起きた。高市氏のみを狙い撃ちしてバッシングし、「森友」「加計」事件をでっち上げ、衆院選で「裏金が争点だ」と、政策論争ではなく、自民党を攻撃する材料だけを報じた新聞、テレビの姿勢に対する国民、有権者の不信感はマグマのように溜《た》まっていたのではないか。

兵庫県知事選で「既存メディアの敗北」が言われたが、新聞やテレビは兵庫県知事選をもって「突然死」したのではなく、衰弱しながらSNSに敗れていったのである。

令和6年11月吉日

三枝玄太郎

三枝玄太郎（さいぐさ・げんたろう）

1967（昭和42）年、東京都生まれ。早稲田大学政治経済学部卒業。1991（平成3）年、産経新聞社入社。警視庁、国税庁、国土交通省などを担当。2019（令和元）年に退職し、フリーライターに。著書に、『十九歳の無念　須藤正和さんリンチ殺人事件』（KADOKAWA）、『三度のメシより事件が好きな元新聞記者が教える　事件報道の裏側』（東洋経済新報社）。『メディアはなぜ左傾化するのか』（新潮新書）など。YouTube動画「三枝玄太郎チャンネル」はチャンネル登録者数7．8万人。

「デマ」の構造

2025年1月2日　第1刷発行

著　者　三枝玄太郎

発行人　岩尾悟志
発行所　株式会社かや書房
〒162-0805
東京都新宿区矢来町113　神楽坂升本ビル3F
電話　03-5225-3732（営業部）

印刷・製本　中央精版印刷株式会社

ISBN978-4-910364-56-8　C0031